dtv

Es gibt eine Küche, die märchenhaft ist und wenig kostet – außer Zeit und Sorgfalt bei der Zubereitung und Muße beim Genießen. Es gibt eine Küche, die traditionell ist und doch zukunftsweisend. Es gibt eine Küche, die einfach ist und doch reich – an Aromen, an Ideen. Wer sich nach all der Haute und Nouvelle Cuisine nach dieser ursprünglichen Küche sehnt, wer die Gourmandisen unserer Großmütter wiederentdecken will, findet hier phantastische Anregungen. Weil diese Art zu kochen ein Stück Kultur ist, beginnt das Buch mit einem Essay über die Besonderheiten der Landesküche. 144 Rezepte machen Lust zum Ausprobieren: Sie sind leicht nachzukochen, bodenständig, preiswert und am Angebot der Jahreszeiten orientiert. Die einfache Küche verzichtet auf alles Überflüssige und Üppige, auf Sperenzchen und Dekorationen. Prominente Befürworter dieser Küche geben in einem Fragebogen Auskunft über ihre kulinarischen Vorlieben. Stimmungsvolle Photographien, in denen die Atmosphäre eingefangen wird, aus der diese Küchenkultur gewachsen ist, wecken die Lust an der Reinheit der Produkte.

Dr. Eva Gesine Baur hat Germanistik, Kunstgeschichte, Musikwissenschaften und Psychologie studiert und außerdem eine Kochlehre absolviert. Sie arbeitet als Journalistin in vielen Bereichen, schreibt für ›essen & trinken‹ und andere Publikumszeitschriften, verfaßt Beiträge fürs Fernsehen sowie Bücher zu kunsthistorischen und psychologischen Themen.

Dr. Renate Zeltner studierte Geschichte, Zeitungswissenschaft und Kunstgeschichte und war lange Jahre als Lexikonredakteurin und Lektorin tätig. Seit 1980 arbeitet sie als freiberufliche Autorin, Übersetzerin und Lektorin und hat mehrere Kochbücher verfaßt.

Der Reichtum der einfachen Küche

Österreich

Von Eva Gesine Baur
und Renate Zeltner

Deutscher Taschenbuch Verlag

In der Reihe ›Der Reichtum der einfachen Küche‹ erscheinen außerdem:

Italien (dtv 36040)
Frankreich (dtv 36041)
Spanien (dtv 36042)
Deutschland (dtv 36043)
Schweiz (dtv 36045)

Originalausgabe
September 1997

Umschlagkonzept: Balk & Brumshagen
Umschlagbild: ›Stilleben mit Gemüse‹
von Henri-Horace de la Porte (1724–1793)
Produktion und Satz: Verlagsbüro Walter Lachenmann, Waakirchen
Gesetzt aus der Caslon (QuarkXPress 3.32 Mac)
Druck und Bindung: Appl, Wemding
Gedruckt auf säurefreiem, chlorfrei gebleichtem Papier
Printed in Germany · ISBN 3-423-36044-5

Inhalt

Sechs Prominente haben für dieses Buch einen kulinarischen Fragebogen beantwortet:

Hans Haas, Koch
Friedrich von Thun, Schauspieler
Franz Xaver Pichler, Winzer
Bernhard Paul, Circus-Direktor
Georg Riedel, Glasfabrikant
Elisabeth Wagner-Bacher, Köchin und Wirtin

Powidl in Kolatschen, Grammeln an Pogatscherl und Schwammerl im Sterz

Warum die Ramasuri der österreichischen Küche unübersetzbar ist

Österreich trägt seinen Namen zu Recht. Es ist auch dann reich, wenn es arm ist. Die ärmsten Dichter haben dort von jeher über einen besonderen Wortreichtum verfügt. Und auch jene armen Schlucker, die nicht einmal die Muse küßt. Wortreich machen sie aus dem Banalen das Besondere, auf der Bühne des Theaters und des Lebens.

Naheliegend also, daß die Österreicher kleinbürgerliche Genüsse geadelt haben, derben Gerichten feine Titel verliehen und der Billigkost solide Namen verpaßten. »Ungarisches Rebhendl« bezeichnet eine Hausmachersulz, »Catalani-Zungen« heißen nach der großen Primadonna der Mozart-Ära, der das sicher gestunken hätte, sehr geruchsintensive Quark-Käse, besser bekannt als Quargeln. »Beamtenforelle« heißt die Knackwurst, »Radetzky-Reis« ein überbackener Reisauflauf. Der österreichische Superlativ, das Präfix »Kaiser-«, krönt eine schlichte Semmel und einen Kaffee, der durch verquirltes Eiweiß dicker wird, Kaiser-Gersten meint nichts als eine gewürzte Brühe mit eingerührtem Eigelb.

»Meine Sprache«, hat Karl Kraus gesagt, »ist die Allerweltshure, die ich zur Jungfrau machte.« Nicht nur, daß er das machte, ist kennzeichnend für einen Österreicher, auch daß er es sagte. »Die österreichische Charaktereigenschaft der Selbstbesudelung« nennt das der Engländer Louis James in ›Österreich pauschal‹.[1] Die großen Kinder Österreichs sind eben ganz einfach Schmuddelkinder. Nestbeschmutzer würden die Deutschen so was nennen. Vor allem die Literaten haben mit

Inbrunst Österreichs bekanntestes Produkt, den mal klebrigen, mal bitteren, mal scharfen oder ätzenden Schmäh über die eigenen Landsleute ausgegossen. Und über sich selber. Von Kraus bis Kreisler, von Nestroy bis Nenning, von Polgar bis Bronner, von Altenberg bis Qualtinger.

»Der unbedingte Wille zur öffentlichen Reinheit hat bekanntlich viel Unglück in die Welt gebracht. Das weiß der Wiener und fügt sich«, offenbarte kürzlich erst der Satiriker Armin Thurnher in seinem Essay »Unter Freunden«[2], Reinheit ist ja auch ungemütlich, sinnenfeindlich und anstrengend. Saubermänner sind eine ungemütliche Spezies Mensch. Und solche, die mit eisernen Besen auskehren wollen, erst recht. In steriler Umgebung gedeiht außerdem bekanntlich nichts. Wohl aber auf einem Kompost, der sich aus tausendunddrei verschiedenen Bestandteilen zusammensetzt. Und es scheint, als wäre Österreich geradezu die kulturelle Kompostieranlage Europas. Das heißt natürlich auch: das Land, aus dem der geistige Humus kommt. Auch der kochgeistige. Was die österreichische Kultur sympathisch macht, ist nicht kühl, ordentlich, sortiert und von sauberer Logik. Schließlich ist sie auch nicht im frischen Ozon der Alpengipfel gewachsen, sondern im Mief der Kaffeehäuser. Und das, was sie ausmacht, kulturell wie kulinarisch, ist meistens gemengt, vermischt, verrührt. Wenn schon nicht im wirklichen Sinn, wie bei all den Knödeln und Fleckerln und Laiberln, so doch der Herkunft nach.

Die Neigung zur Ramasuri

»Ramasuri« – zu deutsch Durcheinander oder Allerlei – ist ein Schlüsselwort zum Verständnis der österreichischen Kultur, auch der Kochkultur – und zwar gerade der einfachen, ursprünglichen. Geradezu typisch für die Ramasuri, daß dieses Wort genauso aus dem Rumänischen kommt wie die angeblich österreichische Palatschinke, die bei den Rumänen placinta heißt, in Ungarn allerdings auch bekannt ist als palacsinta und bei den Tschechen als palacinta. Speziell die einfache Küche Österreichs ist eine Ramasuri aus mindestens vier, eher fünf bis sechs Küchentraditionen. Und mit jeder hat die österreichische Küche ein Gspusi, ein inniges Liebesverhältnis. Mit dem Wort Gspusi ist bereits eine der Ingredienzien verraten, die bis heute das Österreichische ausmachen: ITALIEN. Denn es kommt vom Italienischen sposi – die Verlobten. Das läßt sich nicht nur an den Sportnachrichten erkennen, wo der Sieg eines Skifahrers aus Bozen nicht als der eines Italieners vermeldet wird, sondern als der eines Südtirolers. Oder daran, daß das Wiener Schnitzel mit dem Mailänder Schnitzel identisch ist und letzteres das originale. Noch viel deutlicher läßt sich das an der Weinkarte erkennen. Sogar in Spitzenrestaurants mit Sommelier stehen in der Rubrik »einheimische Weine« auch solche aus Friaul und dem Veneto.

Und vieles in der österreichischen Küche schmeckt schon rein etymologisch nach Italien. Die berühmten Frittaten, die kleingeschnittenen Pfannkuchen, die sich vor allem als Einlage in einer Rindssuppe großer Beliebtheit erfreuen, sind die nördlichen Verwandten der frittata, der italienischen Omelette.

Die Pafesen, in Fett herausgebackene Semmelschnitten, stammen eigentlich aus Pavia, und ihr Name kommt vom italienischen alla pavese. Der Karfiol, wie in Österreich der Blumenkohl heißt, ist der Namensvetter des italienischen cavolfiore, deutsch »Kohlblume«. Auch die köstliche Marille, ob als Marillenröster oder Marillenknödel serviert, hat ihren Namen vom italienischen amarello. Und selbst wenn einer nur ein Fuzerl von irgendetwas nascht, ist es italienisch: Es kommt von futile, italienisch für geringfügig. Die italienischen Wurstverkäufer waren es auch, die zur irrtümlichen Etymologie des Wurstlpraters geführt haben; der hat seinen Namen nämlich eigentlich vom Hanswurst, der dort in der Komödie und im

Kasperltheater auftrat. Aber es ging vielen Besuchern wirklich um die Wurst beim Besuch dieses Vergnügungsparks, genauer: um die Salamudschi. Feilgeboten wurden sie von Wanderhändlern, meistens aus Trient, in malerischer Aufmachung mit Schlapphut und Samtjackett. Maria Kalisko hat diese romantischen Fast-food-Händler des 18. Jahrhunderts verewigt in einem Gedicht, »Der Salamudschimann«, der auch Salamimann hieß oder Salamini – nach seinem Ruf: »Salamini, Leut, da bini, Durri, Durri und Käso.« Wobei die Durri (von duro = hart) jene harte Salami meinte, die er neben der weichen Veroneser Salami bei sich trug und in artistischer Behendigkeit in hauchfeine Scheiben säbelte, so daß nur 50 Gramm davon einen ganzen Teller bedeckten. Und diese Durri waren ungarische Salami, wobei wir wieder mitten in der Ramasuri wären.[3]

Italien steht auch an erster Stelle einer Speisekarte, die wahren Symbolwert besitzt. Und hohen Informationswert, was die klassischen und unverzichtbaren Zutaten jener Ramasuri ausmacht, die österreichische Kochkultur heißt. Die Nachricht davon verdanken wir Berta Zuckerkandl, der Tochter von Moritz Szeps, der das Neue Wiener Tagblatt begründet hat. Sie, selber prominente Journalistin, war mit dem Anatomieprofessor Emil Zuckerkandl verheiratet und führte einen legendären Salon, in dem Gustav Mahler und Gustav Klimt ihren Veltliner süffelten, wo Otto Wagner und Koloman Moser beim Tafelspitz auf Egon Friedell und Josef Hoffmann trafen. »Hebamme der Kultur« verspottete Karl Kraus die schöne Berta. Wer so etwas Gewaltiges wie Kultur zur Welt bringen hilft, hat wie auch immer Respekt verdient. Kein Wunder also, daß Johann Strauß bei sich zu Hause der Salonlöwin kniend die Menükarte überreichte mit den Küchenkunstwerken seiner Gattin Adele:

»Risotto-Suppe auf Triestiner Art – italienisch
Fischpörkölt – ungarisch
Braunbraten mit Zwiebeln – polnisch

Serviettenknödel – böhmisch
Backhendln mit Gurkensalat – oberösterreichisch
Apfelstrudel – Wiener Idealgericht
Weine: Tokaier, Donauperle, Sliwowitz.«[4]

Nicht nur durch italienische Zutaten, auch durch ungarische, mährische, böhmische und, oft darin enthalten, jüdische, gewürzte mit ein paar Prisen Rumänischem, Slowenischem oder Serbokroatischem wird der österreichische Charakter so interessant. Der Charakter der Menschen genauso wie der der Sprache, der der Kultur genauso wie der der authentischen Küche. Das macht ein hinreißendes Charakterbild deutlich, das wir Friedrich Torberg verdanken und das als »Tante Jolesch« zu einem Begriff wurde.

»Denn die Tante Jolesch war, um mit Christian Morgenstern zu sprechen, keine ›Person im konventionellen Eigen-Sinn‹, sondern ein Typus. Fast in jeder der großen, vielgliedrigen, über Wien und Prag, über Brünn und Budapest, über die österreichische und ungarische Reichshälfte verteilten Fami-

lien gab es entweder eine Tante oder eine Großmutter, deren treffsichere, teils tiefgründige Aussprüche von der ganzen Verwandtschaft zitiert wurden.«[5]

Genauso treffsicher waren die Kochkünste dieser Tanten und Großmütter: Sie trafen immer genau die geheimen Sehnsüchte aller Verwandten. Denn sie wußten, daß nur das Einfache unvergeßlich ist und nur die herzhaften Gerichte ein Leben lang ins Herz geschlossen werden, das bekanntlich im Magen liegt.

Die Küche dieser unersetzlichen Tanten barg in sich das Wesen der ganzen Verwandtschaft, ob die nun wienerisch war oder brünnerisch, ungarisch, böhmisch oder mährisch: Von allem hatten ihre privaten Speisekarten etwas. Und erst dadurch wurden sie wahrhaft österreichisch.

Um das Jahr 1880 lebten in Wien, neben 271 400 gebürtigen Wienern, 110 000 Zugezogene aus Böhmen, 76 600 aus Mähren, 106 100 aus Niederösterreich, 54 100 aus Ungarn und 20 100 aus Deutschland.

Solche nackten Zahlen werden von großsprecherischen Aussagen wie der folgenden von Leo Slezak charmant umhüllt.

Der 1,95 m große Heldentenor, Österreichs gewichtige Antwort auf Caruso, behauptete: »Ich bin ein Wiener. Alle echten Wiener sind aus Brünn.«[6] Um 1900 wohnten in Wien mehr Tschechen als in Prag. Und sie brachten nicht nur die segensreiche Idee einer Jause mit, eine Zwischenmahlzeit, die es vorher in Wien und Österreich nicht gab und die vom alttschechischen jouzina oder jauzina ihren Namen hat, und die kalorienreiche Idee der Kolatschen oder Golatschen, dieser kleinen gefüllten Hefekuchen. Sie brachten auch das wunderbar multifunktionale Pflaumenmus mit, das tschechisch povidla heißt und auf österreichisch Powidl. Und auch wenn ein Österreicher gelangweilt sagt, etwas sei ihm powidl, wenn es ihm total gleichgültig ist: das Pflaumenmus war und ist nahezu Grundnahrungsmittel. Dick und dunkel sollte der Brei sein, der nicht nur für diverse Füllungen, sondern von jeher auch gern als Brotaufstrich verwendet wurde. Gekocht wurde er in mit Speck ausgeriebenen Kesseln zusammen mit grünen Walnußschalen – zur Verdunkelung –, aufbewahrt in Steintöpfen, fingerdick mit Rindsfett bestrichen.

Daß die Liebe zu den Böhmen zwar durch den Magen ging, aber offenbar nicht allzuweit, beweisen Redewendungen wie »böhmisch einkaufen«, was schlicht stehlen bedeutet. Und auch die Bezeichnung »Tschecherl« für ein kleines, meist schäbiges und übel beleumundetes Lokal, lassen nicht auf überbordende Sympathie schließen.

Trotzdem: Die Ramasuri der Nationalitäten funktionierte eine ganze Zeit lang, und Probleme wurden vielleicht deswegen ganz gut verdaut, weil sie durch den Kren des jüdischen Humors bekömmlich wurden, scharf, reinigend und oft zu Tränen führend wie jeder geriebene Meerrettich.

Kren leitet sich ab vom tschechischen krn oder auch vom slowenischen und serbokroatischen hren. Wenn Österreicher ihren Kren dazugeben, meint das noch heute dasselbe, wie wenn die Deutschen ihren Senf dazugeben.

Und der Kren ist etwas wert: nicht nur zum Tafelspitz, auch zu Würsteln, in Suppen und Saucen. Ein Mandl mit Kren ist ein Kerl, der Geld hat. Oder auch ein Mann mit starkem Auftritt. Das hat seine Gründe: Letztlich ist der Kren auch ein Mittel, die österreichische Überlegenheit zu beweisen, die meistens jüdischer Provenienz war.

Einer Legende zufolge sollen einmal ein Wiener Jude und ein reicher Araber aus dem Nahen Osten gewettet haben, wessen Küche schärfer sei. Der Araber würzte mit allem, was der Orient an höllisch brennenden Essenzen und Pulvern zu bieten hatte, dem Wiener Juden brannte der Schlund. Als er zur Revanche jedoch den Araber in eine Meerrettichwurzel beißen ließ, sprach der, als er wieder sprechen konnte, dem Kontrahenten den Sieg zu. Damit wir aber die Ramasuri noch unübersichtlicher machen, sei bemerkt: Die deutsche Bezeichnung des Kren als Meerrettich leitet sich angeblich ab von »mährischer Rettich«.

Scharf macht die einfache österreichische Küche aber nicht nur der Kren, sondern auch der Paprika, Inbegriff des ungarischen Temperaments – auch in den Töpfen. Aber viele Österreicher sehen Ungarns Beitrag zur Küche Österreichs wesentlich milder.

Friedrich Torberg erzählt im Fortsetzungsband »Die Erben der Tante Jolesch« (die Fans hatten ihn zu diesem zweiten Teil geradezu erpreßt) von einem ungarischen Spezialitätenlokal, das die Geschwister Spiegel führten und das Ferenc Molnár bis zum Äußersten, nämlich dem Äußersten seiner Magenausdehnung, liebte.

»Der eine Bruder machte die Honneurs, der andere die Rechnung und die Schwester überwachte den Service. Sie saß an einem Tischchen nahe der Schwingtür zur Küche, und wenn der Kellner mit den jeweils bestellten Speisen an ihr vorbeikam, hieß sie ihn innehalten, deutete auf das betreffende Gulyás oder Paprikahuhn oder was sonst mit dicker Sahne serviert wurde, und fragte: ›Für wen?‹ War es für Molnár oder einen anderen prominenten Gast bestimmt, griff sie nach dem Schöpflöffel, der in einem neben ihr stehenden Topf mit saurer Sahne steckte, und veredelte durch eine Portion davon die ohnehin schon rahmhaltige Sauce. Damit war das Gericht zu einer echt ungarischen Spezialität geworden.« Und zum Beleg Molnárs Definition: »Was ist ungarische Küche? *Noch* ein Löffel Rahm.«[7]

Nicht nur an der schon erwähnten Palatschinke müssen die Österreicher die Urheberrechte abtreten: Den Strudel, eigentlich eine Erfindung der Araber, die den papierdünnen Teig mit Rosenwasser oder Orangenöl parfümierten, verdanken sie den Ungarn. Die hatten nämlich als recht spärliche Entschädigung dafür, daß sie 145 Jahre lang, bis ins Jahr 1586, die Herrschaft der Türken ausgehalten hatten, das Strudelrezept von denen bekommen.

Vor allem aber ist eines der deftigen Beine ungarisch, auf denen die herzhafte einfache Küche der Kaffeehäuser ruht wie eine Matrone: das Gulasch – original ungarisch gulyás oder eingeösterreichert Guhlasch beziehungsweise Gollasch. Wer sich dafür sündteures Rindfleisch einkauft, absolut fettfrei, und sich fragt, was ein Gulasch mit billiger Kochkunst zu tun habe, muß sich an einen bekennenden Gulaschkoch wenden. Der hat immer seinen Metzger, bei dem er das Fleisch einkauft.

Der Dichter H.C. Artmann, durch Werke wie ›Im Schatten der Burenwurst‹ oder ›Hasard und Entenbraten‹ auch als Gastrosoph ausgewiesen, kauft es in Salzburg entweder beim Metzger Felder am Neutor oder beim Stefanitsch in der Wiener Philharmonikergasse. Dort wagt ihm niemand mehr fürs Gulasch eine teure, magere feine Nuß anzubieten, denn der Herr Artmann will wie jeder Kenner einen Wadschunggn. Was den Wadschinken des Rindviehs meint und das Gulasch wirklich zu einem preiswerten Gericht macht. Dort käme auch niemand auf die perverse Idee, alles Fett wegzuschnipseln und das Fleisch in kleine mundgerechte Würfel zu schneiden, denn der Kenner will es »gschlampert«. Zeit kostet am Gulasch nur der Schmorprozeß, bis alles schön mürb geworden ist und sogar ohne dritte Zähne gegessen werden kann. Von der ungarischen Ursprungsidee, wo sich die Hirten (gulyás hießen die Rinderhirten) ein gulyás hus, eine dickere, paprikagewürzte Suppe mit Rindfleisch im Kessel über offenem Feuer kochte, ist das österreichische Gulasch natürlich so weit entfernt wie ein Bartok-Streichquartett von einem Strauß-Walzer. Es wurde eben im Zeichen der Ramasuri mit einheimischen Ideen vermischt. Und dabei sogar zu einer konfessionellen Ramasuri: Die Frage nämlich, ob Knoblauch hineingehöre oder nicht, das sei, so H.C. Artmann, eine Frage der Konfession: Katholisches Gulasch mit, protestantisches ohne. Welcher Religion das falsche Gulasch zuzurechnen sei, das ebenso sparsame wie köstliche Erdäpfelgulasch, ist leider ungeklärt.

Was natürlich unentbehrlich ist in der Ramasuri der einfachen österreichischen Küche sind die alpenländischen Zutaten, denn sie sorgen für das, was auch den Wienern warm um Herz und Magen werden läßt. Zwar wird es offiziell als Blödelei ausgegeben, zu sagen, man habe vor etwas oder jemandem Speck, wenn man Respekt meint, aber letztlich ist es gerade das deftige Universalgenie Speck, das den in Wien oft etwas mitleidig belächelten Tirolern oder Vorarlbergern Achtung einbringt. Speck paßt in jede Ramasuri, denn er gibt jeder Suppe Würze, jedem Knödel Charakter (nicht nur dem Tiroler Speckknödel), jedem Kraut das Herzhafte und jedem Pfannengericht das Habhafte. Fast ließe sich, analog zu Molnárs Definition der ungarischen Küche, sagen: Was ist Tiroler Küche? Immer mit einem Stückerl Speck.

Und der Speck begegnet im Zeichen der Ramasuri sogar den Zwetschgen, wenn der eigentlich tschechische Powidl ge-

kocht wird. Denn Speck ist für die einfache Küche das, was für die feine der Schluck guten Weins ist.

Die Ramasuri ist jedoch noch in ganz anderer Hinsicht das Grundprinzip der einfachen österreichischen Küche.

Die Kultur der Hülle

Mischmasch, ob er faschiert ist, püriert oder einfach gerührt, hat einen Nachteil: Optisch ist er nicht allzu überzeugend, wenn er formlos auf den Teller quatscht. Dagegen hilft die Hülle. – Wir reden hier nicht von den Schafs- oder Rinderdärmen, die von Debreziner bis Burenwurst Österreichs Wurstmassen bändigen, sondern von den kunstvollen Hüllen. Die Kultivierung der Hülle ist ein wahres österreichisches Verdienst, auch wenn die Ideen dazu oft von anderswo kamen. Es ist kein Zufall, daß nirgends mit mehr Sorgfalt paniert, eingewickelt und eingebacken wird als hier. Die Österreicher lieben die schöne Hülle, den Schokoladenüberzug über den Unebenheiten des Alltags. Aber diese Liebe kennt Grenzen.

Das berühmt-berüchtigte »Manner«, erbaut von der Firma selben Namens für ihre Arbeiter, barg hinter neobarocker Fassade mit pompösem Anspruch keine Sozial-, sondern Unsozial-Wohnungen: Bettelarm an Licht, sanitären Anlagen und Wohnwert.

»So viele Hüllen deuten auf Verhülltes«, warnte der österreichische Dichter Grillparzer. Und das provozierte die Geister vom Schlag eines Adolf Loos, der mit dem Aufsatz über »Ornament und Verbrechen« Furore machte. Eine schöne Hülle ist recht, aber der Inhalt darf kein Nepp sein. Vor allem aber sollte die Hülle dem Inhalt angenehm sein.

Kaiserin Elisabeth war eine der ersten Promis in Europa, die das Korsett ablegten, Gustav Klimt war einer der ersten Künstler, die weit fließende Kleider entwarfen. Jeder kennt Fotos, die seine Geliebte Emilie Flöge in einem jener Reformkleider zeigen, das sich fröhlich bläht im Wind des Attersees.

Der Gourmet-Journalist Christoph Wagner wirft in einer Abhandlung über die existentielle Bedeutung des Wiener Schnitzels nur scheinbar die Frage auf, »ob die knusprige Hülle stramm wie ein Tauchertrikot oder schlotternd wie ein Jogginganzug sitzen soll«, denn auf derselben Seite steht bereits in der Fußnote die »richtige Antwort: schlotternd (im Küchendeutsch: soufflierend)«.

Das echte, also kälberne Wiener Schnitzel ist nun kein Rezept der sparsamen Küche, wohl aber alle möglichen anderen panierten Köstlichkeiten. Zum Beispiel das Backhendl. Es beweist, daß ausgerechnet Blinde oft das sensibelste Gespür für Hüllen besitzen: Hans Bacher, der 1947 erblindet aus dem Krieg nach Mautern heimkehrte, machte in den noch gar nicht so wirtschaftswunderbaren Jahren das Backhendl zu einer lokalen Berühmtheit, die ganz Österreich anzog. »Ich habe mit den Backhendln angefangen, und alle haben es später nachgemacht.«[8] (Wer sich an die eingangs zitierte Speisekarte aus dem Hause Strauß erinnert, wo die Backhendl als typisch oberösterreichisch aufgeführt sind, möge Hans Bacher trotzdem Glauben schenken: Auch erfolgreiche Wiederbelebungsmaßnahmen können als Geburt oder wenigstens als Neugeburt gelten. Und seine wurde zur Attraktion. »An manchen Muttertagen hab ich von früh bis spät Backhendln gemacht«[9], stöhnte er. Seine Tochter, die grandiose Köchin Elisabeth Wagner-Bacher, hat das Backhendl zwar nicht mehr auf der Karte, aber natürlich im Repertoire. Vor allem eben die Kunst der Hülle aus goldenen Semmelbröseln und Ei. Und die muß vollkommen sein, ob nun Salziges oder Süßes drin herausgebacken wird, wie zum Beispiel die Erdbeerknödel. Die Panade ist Gold, mit dem die arme Küche ihre Gerichte zum Glänzen bringt. Und der Tiroler Hans Haas, großartiger Küchenchef des berühmten ›Tantris‹ in München, landet mit kaum einem Gericht mehr Erfolg bei seinen verwöhnten Gästen als mit seinen delikaten gebackenen Eiern, frisch vergoldet mit feinster Panade.

Genauso wichtig wie die Panade ist die Hülle des Strudelteigs für die einfache Küche: In diese zarte Haut läßt sich vom Topfen über Mohn oder Äpfel bis zum Kraut oder zum fleischigen Gehäcksel fast alles verpacken. Geld braucht's für den Strudelteig fast gar keins, aber Geduld und Erfahrung. »Das zieht sich wie ein Strudelteig«, sagen die Österreicher, wenn etwas endlos zu dauern scheint. Und der Grundsatz, der Strudelteig sei erst dann als gelungen zu betrachten, wenn die Köchin einen darunter liegenden Brief oder die Zeitung lesen könne, gibt Aufschluß über dessen zartes Wesen.

Nicht weniger anspruchsvoll ist der Hefeteig, der Powidl oder andere Fruchtfüllungen umgibt. Auch der Blätterteig, der die nuß- oder marmeladegefüllten Kipferl umgibt, wird von einem bekennenden Österreicher nicht aus der Tiefkühltruhe gegriffen, sondern selber gemacht. Schließlich ist es ein

Symbol dafür, daß der Halbmond der Türken durch Prinz Eugen und seine Truppen auf die Erde runtergeholt wurde. Ramasuri, vom Topfen bis zum Millirahm, bergen all die Tascherln und Dalkerln, Strudel, Buchteln oder Wuchteln, die heute als Inbegriff der österreichischen Mehlspeise gelten. Dabei sind sie erst an die 200 bis 250 Jahre jung, denn erst da kam die breite Masse der Österreicher an den Zucker. Und anfangs war er derart teuer, daß es die Köche und Köchinnen eher sauer ankam: Als Mozart 14 war, lag der jährliche Zuckerverbrauch pro Kopf in Österreich bei 250 Gramm, in Wien allerdings (nicht nur wegen der süßen Mädels) bereits bei 2 Kilo. Heute liegt er bei stattlichen 30 Kilo.

Die Kultur der Hülle aber war ja ebensogut geeignet, Salziges zu umgeben. Und außerdem: Die Ramasuri muß ja nicht unbedingt verhüllt werden. Sie wird zuweilen auch unverhohlen zur Schau und auf den Tisch gestellt.

Die Begeisterung für das Zerrissene

›Der Zerrissene‹ ist ein Stück von Johann Nestroy. Und dort heißt es: »Müßt ich erklären wem den Grund von mein' Schmerz / So stündet ich da wie's Mandl beim Sterz.« Und dem Österreicher eröffnet sich die wahre allegorische Tiefe dieses Satzes, denn zerrissen ist nicht nur der Schmerzerfüllte, sondern auch der Sterz.

Der Sterz wird aus einem Teig bereitet, der aus Mehl, Grieß oder Maismehl, Wasser und Fett besteht, lauter kohlenhydrathaltige Stoffe, wie sie für die arme Küche kennzeichnend sind. In der Pfanne wird der Sterz dann zu kleinen Stücken zerstochen. Möglicherweise hat er seinen Namen, wie auch der Sterz der Enten, vom griechischen »storthe«, was Zinke, Spitze oder Zacke bedeutet.

Die innere Zerrissenheit war und ist immer ein zentrales

Thema der österreichischen Literatur. Die äußere ist ein Kennzeichen vieler Mehlspeisen, zum Beispiel des berühmten Schmarrns jeder Art.

Auch der Kaiserschmarrn muß mit der Gabel zerrissen werden, ohne falschen Respekt: Immerhin haben die Wiener Köche ihn im Jahr 1845 als Kaiserin-Schmarrn der schönen Elisabeth gewidmet, als sie Kaiser Franz Joseph heiratete. Die war allerdings magersüchtig und hielt ihre knapp 50 Kilo (bei 1,72 m Körpergröße) lieber mit Veilchensorbet, Essigwasser und Kraftbrühe.

Angeblich ist das aber alles Schmarrn – wie in Österreich der Blödsinn heißt –, denn der Kaiser-Schmarrn hat angeblich bereits früher existiert, und zwar als Casa-Schmarrn, wie im italienischen Süden des Landes der Haus(macher)schmarrn heißt. Was ihn aber bei Kaisers und Fürstens beliebt machte, war seine Eignung als Imbiß auf Jagdausflügen: schnell zubereitet und sättigend. Zerrissen wirken auch die Fleckerln, die Nudelstreifen oder -fetzen, die in der Pfanne in allen mögli-

chen Kombinationen abgeröstet werden. Kultfleckerln vieler sind auch heute noch die Krautfleckerln.

Und zumindest denen der Tante Jolesch hat Friedrich Torberg ein ewiges Andenken beschert. Inbrünstig erinnert er sich an »jene köstliche, aus kleingeschnittenen Teigbändern und kleingehacktem Kraut zurechtgebackene Mehlspeis, die je nachdem zum Süßlichen oder Pikanten hin nuanciert werden konnte: in der ungarischen Reichshälfte bestreute man sie mit Staubzucker, in der österreichischen mit Pfeffer und Salz. Krautfleckerln waren die berühmteste unter den Meisterkreationen der Tante Jolesch. Wenn es ruchbar wurde, daß die Tante Jolesch für den nächsten Sonntag Krautfleckerln plante – und es wurde unweigerlich ruchbar, es sprach sich unter der ganzen Verwandtschaft, wo immer sie hausen mochte, auf geheimnisvollen Wegen herum, nach Wien und Prag und Brünn und Budapest und (vielleicht mittels einer Buschtrommel) bis in die entlegensten Winkel der Puszta, dann setzte aus allen Himmelsrichtungen der Strom aus Krautfleckerl-Liebhabern ein, die unterwegs nicht Speis und Trank zu sich nahmen, denn ihren Hunger sparten sie sich für die Krautfleckerln auf, und den Durst löschte ihnen das Wasser, das ihnen in Vorahnung des kommenden Genusses im Mund zusammenlief.«

Jeder, dem diese Hymne auf Krautfleckerln zu Gehör kommt, giert natürlich nach dem Rezept. Auch die Verwandtschaft der Tante Jolesch gierte danach, allerdings ohne Erfolg: Bis zu ihrem Tode rückte sie es nie heraus. Als der dann nahte und alle ums Sterbelager standen, die Tante Jolesch liebhatten wie ihre Krautfleckerln, wollte die Lieblingsnichte der Tante verhindern, daß sie das köstliche Geheimnis ihres Lebens mit ins Grab nehme. »›Willst du uns nicht endlich sagen, warum deine Krautfleckerln immer so gut waren?‹ Die Tante Jolesch richtete sich mit letzter Kraft ein wenig auf: ›Weil ich nie genug gemacht hab'‹. Sprach's, lächelte und verschied.«

Inbegriff der wollüstigen Zerrissenheit und vielleicht gerade deswegen die Brutstätte der Kultur und zugleich die Kultstätte der einfachen Gerichte ist das Kaffeehaus. Alfred Polgar definierte in seiner ›Theorie des Café Central‹ selbige Wiener Institution so: »Es ist der traute Herd derer, denen der traute Herd ein Greuel ist.« Oder auch: »Es ist ein rechtes Asyl für Menschen, die ihre Zeit totschlagen müssen, um von ihr nicht totgeschlagen zu werden.« Er resümiert mit bestechender Unlogik: »Das Café Central stellt also eine Art Organisation der Desorganisierten dar.«

Nicht weniger zerrissen als dieses geradezu symbolische Kaffeehaus sind die Gäste. »Seine Bewohner«, so Experte Polgar, »sind größtenteils Leute, die allein sein wollen, aber dazu Gesellschaft brauchen.«

Damit auch jeder die innere Zerrissenheit merkt, zetteln professionelle Kaffeehausbesucher gerne Diskussionen mit dem Kellner an. Zum Beispiel über die klassische Beilage zu der klassischen Wiener Mehlspeise, »bestehend aus Kleingerissenem, mit Zibeben angereichertem Palatschinkenteig«, wie Torberg den Kaiserschmarrn definiert. Bevor er eine legendäre Geschichte aus dem Café Neugröschl erzählt. Darin geht es um einen Gast, der zum Kaiserschmarrn »ein Kompott« bestellt und Zwetschgenröster bekommt. Er quittiert das Kredenzte mit der Feststellung: »Zwetschgenröster sind kein Kompott!« Der Kellner setzt nicht eben diplomatisch dagegen: »Zwetschgenröster sind ein Kompott.« In die eskalierende Wiederholung dieser Ansichten, die alttestamentarische Wucht annehmen, greift Herr Neugröschl persönlich ein, der den Streit souverän durch Hinauswurf des Kunden schlichtet. »›Zahlen brauchen Sie nichts, Sie sind mein Gast!‹ Dann wendet er sich an die verbliebenen Gäste. ›Es sind noch ein paar da, die sagen, Zwetschgenröster sind kein Kompott!‹ Und schüttelt drohend die erhobene Faust: ›Aber ich kenn sie alle!!‹«[10] Dabei wäre der Unterschied zwischen Zwetschgenröster und Zwetschgenkompott ganz im Sinne der Zerrissenheit: Heil, glitschig und sanft dümpeln Zwetschgen im Kompott, im echten Röster hingegen wirken sie eher zerrupft. Aber solche wertvollen Dialoge machen eben die einfache Kost erst kostbar.

Die Freude an der guten Form

Weil die zur Gemütlichkeit neigende Mehrzahl der Österreicher nicht dauernd auf Zerreißproben gestellt werden will, hat sie gerade in der einfachen Küche eine Vielzahl von Gerichten erdacht, die zwar eine Ramasuri sind, also zusammengemengt, gebazt, gerührt, deren Grundmasse aber mit zarter Hand in Form gebracht und so zu einer wirklich runden Sache wird: Knödel, Knödel jeder Größe, Konsistenz, Provenienz und Dekadenz.

Gerade den finanziell Minderbemittelten war er schon immer unverzichtbar: »Und wann der Knödel einen Gulden kost'!« sagt ein Österreicher, wenn er etwas um jeden Preis haben oder machen will.

Auch wenn der Knödel als böhmische Erfindung gilt und das Wort als althochdeutsch – abgeleitet von knodo, der Knoten – : Germknödel, Wiener Brotknödel oder Erdäpfelknödel, Grießknödel, Topfenknödel oder böhmische Serviettenknödel, Semmelknödel, Bröselknödel oder Tiroler Speckknödel, ungarische Palffyknödel, Fleischknödel, Erdbeerknödel oder Wachauer Marillenknödel – allen ist etwas dazu eingefallen, und das macht den Knödel so bedeutsam. Schließlich hat der große österreichische Kulturhistoriker Egon Friedell erkannt: »Was nur einem einzelnen einfallen kann, ist von untergeordneter Bedeutung.«

Selbst eine Spitzenköchin wie Elisabeth Wagner-Bacher kann ihren feinschmeckenden Gästen nicht die Marillenknödel, Erdäpfelknödel oder Semmelknödel verweigern, denn die gelten in Österreich als Grundnahrungsmittel. Und der Wiener Starkoch Reinhard Gehrer vom »Korso« legt Bröselknödel in die Ganslsuppe, serviert Kräuterknödel zum Kalbsbeuschel und bettet Grammelknödel aufs Weißkraut.

Knödel sind vor allem aber das Kugellager der einfachen Küche, denn nirgendwo lassen sich Reste besser verwerten. Die etwas fester gebauten Vettern der Knödel heißen Laberl oder auch Karbonaden. Sie befriedigen zwar meistens fleischliche Gelüste, aber auch sie sind ideale Unterbringungsorte für Fleisch- oder Geflügelreste, die mit Brotresten angereichert werden. »Laß dich faschieren«, zu deutsch durch den Fleischwolf drehen, lautet auch die nette Aufforderung an jemanden, den man loswerden will. Wer das Handwerk der einfachen Küche beherrscht, formt aus dem Gehäckselten und Faschierten Laberl, die etwas her-, allerdings auch etwas Arbeit machen. »Bis das fertig ist, könnt ma ja ein Laberl werden!« jammern die Österreicher, wenn sie es kaum mehr aushalten, wie lange etwas dauert.

Die wahre Kunst des Formens aber zeigt sich an den Nockerln. Denn sie müssen schaumig sein, ohne zu zerfließen, locker sein, ohne zu zerfallen, luftig sein, aber trotzdem inhaltsreich. Ob süß oder salzig: Sie beweisen, was die Frau oder der Mann am Herd kann. Und noch etwas mehr.

Dem Kulturhistoriker Egon Friedell wird eine Bemerkung nachgesagt, die eindrucksvoll belegt, daß Nockerln wahrhaftig eine Herausforderung Österreichs an die Welt darstellen. Er verkehrte nämlich in einem Salzburger Gasthaus, »das im Ruf stand, die besten Salzburger Nockerln zu servieren. Von dieser Spezialität, deren Zubereitung äußerste Sorgfalt verlangt, zeigte sich ein deutsches Ehepaar so begeistert, daß es um die Mitteilung des Rezeptes bat. Der Wirt, altem Brauchtum folgend, weigerte sich zuerst, gab aber schließlich nach und setzte sich an den Tisch des Ehepaars, um weiblichem Teil das kostbare Rezept zu diktieren, Punkt für Punkt, langsam und bedächtig, mit genauen Zeitangaben und sämtlichen Ingredienzien. Als er fertig war, las ihm die gründliche deutsche Dame das Ganze nochmals vor und wollte ausdrücklich hören, daß sie alles richtig notiert hätte.

Alles, bestätigte der Wirt.

Ob wirklich nichts fehle?

Nein, nichts.

Kaum war der Wirt gegangen, wandte sich vom Nebentisch her Egon Friedell an die Wißbegierige:

›Verzeihung, gnädige Frau, Sie haben nicht alles.‹

›Nicht? was fehlt mir denn noch?‹

›Sechshundert Jahre Habsburg‹, sagte Friedell.«[11]

Die Liebe zu den inneren Werten

Wenn es ums Innerste geht, wenden sich viele vermeintlich bessere Herrschaften leicht angewidert ab. In Österreich hingegen widmen sich selbst die Größen der Kochkunst dem Züngerl, den Nierndeln, dem Bries und dem Herzerl. Die Größen der Dichtkunst übrigens auch.

Die Köche reizt es, aus billigsten Innereien unwiderstehliche Leckerbissen zu bereiten. Und die Dichter juckt es, dem Billigen Poesie zu geben, die Lyrik des Ärmlichen zu entdecken und die Außergewöhnlichkeit des Banalen.

H.C. Artmann gelang es, sogar ein Klohäuschen nebst der dort waltenden Frau Pischinger, geborene Blasl, dichterisch zu verklären, die »Direktrice« war »in einem jener ungezählten Anstandsörter«, einem der »weltberühmten blechernen Etablissements in Wien«. Dieses ist von einem durchaus appetitanregenden Duft erfüllt, der nicht den Besuchern, sondern Frau Pischinger zu verdanken ist. »Am Stockerl stand ein Spirituskocher und darauf brutzelten ganz appetitliche Rindsnierndeln. Es war alles blitzsauber hier. Zwar lag genug kaltes Karbol in der Luft, allein die Rindsnierndeln übersetzten die Sprache des Karbols wiederum ins Heimische.«[12]

Während die Nierndeln eine ziemlich unvermischte Angelegenheit sind, beweist das wesentlich populärere Beuscherl, aus Herz und Lunge zubereitet, erneut die Durchschlagskraft der Ramasuri. Leider zeigt sich an ihm nicht nur, was ein Koch kann, sondern auch, was er nicht kann.

Leo Slezak berichtet aus seiner Zeit als Unteroffizier bei den Siebzehner Jägern in der Kaserne am Dominikanerplatz, wo die Soldaten zwar mit Frühstück und Mittagessen abgefüttert wurden, nicht aber am Abend.

»Zum Abendessen kaufte man sich bei einer Auskocherei für drei Kreuzer eine Menageschale voll Saures. Saures ist ein Beuschel. Lungenhaschee nennt es der Preuße – Lüngerl der

Bayer – Beuschel der Österreicher. Also das Saure war nicht gut. Es kamen in diesem Beuschel oft Sachen vor, die man perhorreszierte, vor denen einem grauste und die bestimmt nicht hineingehörten. Aber man war jung, hatte Hunger, übersah diese peinlichen Zugaben, schloß die Augen und aß.«[13]

Das penible Wässern und Putzen der Nierndel oder der Lüngerl für ein Beuschel sind die Basis ihres Wohlgeschmacks. Und das beweist: Ramasuri hat nichts mit Pfusch zu tun.

Die Ramasuri aus Innereien, solange nicht eine Sahnesauce drankommt, ist sogar eine koschere Angelegenheit. Im Buch Exodus, 2. Moses 12,9, heißt es ganz explizit, der Peschlammbraten müsse mitsamt den Innereien verzehrt werden. Niere, Netz und Leber kommen schließlich beim biblischen Sündopfer gemeinsam auf den Altar.

Das Beuscherl oder Beuschel ist jedenfalls für Kundige ein Heiligtum österreichischer Küche, das der Anbetung wert ist und dem ruhig das Opfer zu erbringen ist, daß es viel Zeit kostet. Sogar der Sternekoch Reinhard Gehrer rühmt es: »Beuscherl«, schreibt er euphorisch, »ist ein besonders schmackhaftes und typisches Gericht der klassischen österreichischen Küche, allerdings ein im Aussterben begriffenes. Man bekommt ›Beuscherl‹ zwar nach wie vor in vielen Wiener Gasthäusern, doch ›privat‹ wird es nur noch selten gekocht. Die Zubereitung ist halt ein wenig umständlich, und eine rohe Lunge sieht auch nicht besonders delikat aus.«[14]

Wer sich davon nicht abschrecken läßt, kann sich auch am Lungenschmarrn versuchen, wo Mehl, Sahne, gequollene Korinthen, Rosinen, Eigelb und Eischnee mit pürierter Kalbslunge zu einem Teig verarbeitet und in der Pfanne herausgebacken werden. Und selbst ein Lungenstrudel lohnt jeden Aufwand für den, der die inneren Werte von Kalb und Lamm zu schätzen weiß. Und wer sich ein Herz faßt und einmal die herzigen Bestandteile von Lamm, Hammel oder Kalb probiert, tut gut daran: Das Muskelfleisch des Herzens enthält reichlich Vitamin B 1.

Gerade jetzt, wo kluge Menschen den endgültigen Abschied von der Wegwerfgesellschaft feiern, ist es ein Gebot der Ökonomie, wenn schon ein Tier geopfert wird, dieses Opfer voll und ganz auszukosten.

Die Küche mit Innereien haben besonders die Wiener in den letzten Jahren wieder ins Herz geschlossen im Zeichen der »neuen Bodenständigkeit«, wie der Gastrokritiker Florian Holzer sie beschreibt. »Die unerschöpfliche Vielzahl alter Rezepturen aus den ehemaligen Kronländern – Norditalien, Balkan, Ungarn, Böhmen, Polen, Dalmatien und Bosnien – belebt die Kochszene Wiens heute wieder ganz vehement«,

beobachtet er. Wenn der Koch mit internationalen Inspirationen und waghalsigen Kreationen imponieren will, hat er wenig Chancen. »Gelingt es ihm indes, mit seinem Erdäpfelsalat Berühmtheit zu erlangen (...) und das Kalbsbeuscherl mit Riesling aus der Wachau zu verfeinern, sollte er seine Öffnungszeiten tunlichst bis in die frühen Morgenstunden verlängern.«[15]

Ein Beisl (um die Ramasuri nicht ganz zu vernachlässigen, sei erwähnt, daß »Beisl« vom hebräischen Wort bajis für Haus kommt), das die Kenner stürmen, ist laut Holzer der »Ubl« (auch »Zum guten Hirten« genannt), denn er ziehe »Liebhaber von Innereien scharenweise an. Was dann dazu führt, daß die Nierndl auch immer recht schnell aus sind und Ersatz beim Schnitzel gesucht werden muß.«[16] Auch der Koch Heinz Herkner macht Furore und Umsatz mit »Kutteln und Bruckfleisch, zum Beispiel, die als Arme-Leute-Essen galten«.[17] Und der Gastrokritiker rühmt den vielzitierten Reinhard Gehrer nicht nur als »Meister des Bruckfleisches – eine Mischung diverser Innereien und Schweineblut (...). Auch ein von ihm zubereitetes Beuscherl, Gulasch oder Kutteln vermögen zu verzücken.«[18]

Es geht den Wienern eben wie auch den Münchnern, Parisern, Mailändern oder den Berlinern: Das Ambitionierte ist ihnen auf den Magen geschlagen. Und in Österreich waren einsichtige Leute schon immer dagegen. Und zwar in allen Lebensbereichen.

1940 hielt Stefan Zweig im Exil einen Vortrag über die Musikalität seiner Heimatstadt Wien. Und was er dort sagte, gilt nicht nur für das Komponieren von Sinfonien und Kammermusiken, sondern auch für die Speisekammermusik, für die Kompositionen der echten einfachen österreichischen Küche. »Ich glaube, daß die guten Dinge des Lebens dazu bestimmt sind, genossen zu werden. Ich glaube, daß ein Übermaß an Ambition in der Seele eines Menschen wie eines Volkes kostbare Werte zerstört.«[19]

Und ein Übermaß an Ambitionen in der Küche eines Menschen wie eines Volkes zerstört leider ebenfalls kostbare Werte. Eine raffinierte Sauce am Schnitzel beweist das genauso wie eine am Backhendl. Gerade der jüdische Wortwitz verrät, daß solche Ambitionen nur völlig überflüssige Scherereien einbringen. Denn Affektiertheiten und Ambitioniertheiten hat den Österreichern ihr Drang nach dem Höheren und Besseren schon öfters beschert.

Diese Einsicht beginnt beim Fladen. »Es wäre irrig«, klärt Friedrich Torberg uns auf, »bei diesen ›Fladen‹ an die Kuh zu denken. Sie sind das jüdische Gegenstück zur Fächertorte, gehören ursprünglich eher zum polnischen als zum böhmisch-mährischen Gastronomiebetrieb und bestehen aus mehreren übereinandergeschichteten Lagen oder Fächern, die wiederum nichts mit dem zu tun haben, womit man sich Kühlung zufächelte (obwohl das nach Genuß einer richtigen, geilen Fladentorte dringend ratsam wäre). Die einzelnen Lagen werden aus Mohn sowie verschiedenartig präparierten Obstsorten hergestellt, immer mit einer dünnen Teigschicht dazwischen, manchmal noch mit Schokolade versetzt. Je vielfältiger der Fächer, je raffinierter die Zusammenstellung, desto höher die Qualität der Fladentorte. Und wenn nun eine Hausfrau an den Rand einer weithin bemerkbaren Verzweiflung gerät, weil sie sich trotz stundenlangem Nachdenken nicht entscheiden kann, ob sie jetzt noch eine Lage gedünstete Birnen dazutun soll oder nicht doch lieber gestoßene Nüsse, dann bezeichnet man die Sorgen, von denen sie da gepeinigt wird, als ›Fladenzores‹. Es gibt solcher Fladenzores viele. Im Grunde sind sie gemeint, wenn man einem Menschen, der seine Umwelt mit ihnen belästigt, halb tadelnd, halb neidig zuruft: ›Ihre Sorgen möcht ich haben.‹«[20]

Und die hat nur, wer zu viele Ambitionen hat.

Damit konnte man eine Zeitlang zwar auch den Österreichern imponieren, denn auch sie wurden nicht verschont von der Spezies der sich kosmopolitisch wähnenden Menschen im pechschwarzen Talar aller Zeitgeistlichen. Früher hätte man denen gesagt, sie wollten wohl jeden Tag gefüllte Naunscherl essen. Naunscherl sind eine Art Backerbsen, die zu füllen so unmöglich ist wie die kulinarische Beglückung von Leuten, die eigentlich gar nicht richtig essen, sondern nur dabei gesehen werden wollen.

Die Rückkehr zur einfachen Küche ist eben auch sozial in Österreich eine Rückkehr zur Ramasuri. Wenn die oberen Zehntausend die Nierndel dem Hummer vorziehen, dann entdecken die untersten Zehntausend, wie wenig ihnen entgeht.

Eva Gesine Baur

Literatur

1 Louis James: Die Österreicher pauschal, Frankfurt 1997, S. 77.
2 Armin Thurnher: Unter Freunden. In: Merian 11/43, Wien, aktualisierte Ausgabe, Hamburg o.J., S. 44–49.
3 siehe dazu Robert Sedlaczek: »Salamini, da bin i!«. Zur Rekonstruktion eines vergessenen Originals, in: Österreich für Feinschmecker. Das kulinarische Jahrbuch 1997, hrsg. von Christoph Wagner und Robert Sedlaczek, Wien 1996, S.193–197.
4 Zitiert nach Eva Bakos: Gaumenschmaus und Seelenfutter. Tausend Jahre Wiener Küche, Wien 1996, S. 230.
5 Friedrich Torberg: Die Tante Jolesch oder Der Untergang des Abendlandes in Anekdoten (Erstausgabe 1975), München 1990, S. 10.
6 Leo Slezak: Der Rückfall, Reinbek bei Hamburg 1969, S. 103.
7 Friedrich Torberg: Die Erben der Tante Jolesch (Erstausgabe 1978), München 1996, S. 17.
8 Peter Breitschopf: Heilige Einfachheit. Vorwort zu Lisl Wagner-Bacher: Meine Küche, Mautern 1989, S. 14.
9 ebd., S. 15.
10 Friedrich Torberg: Die Tante Jolesch, a.a.O., S. 59.
11 ebd., S.193.
12 H.C. Artmann: Frau Pischinger und die Landluft, in: Österreich erzählt. 27 Erzählungen, ausgewählt und mit einer Nachbemerkung von Jutta Freund, Frankfurt 1989, S. 202.
13 Leo Slezak: Der Rückfall, a.a.O., S.105f.
14 Reinhard Gehrer: Große Küche aus Österreich, Wien 1987, S.51.
15 Florian Holzer: Von neuer Lust auf alte Rezepturen. In: Merian, Wien, a.a.O., S. 121.
16 ebd., S. 122.
17 ebd., S. 122.
18 ebd., S. 122.
19 Stefan Zweig, zitiert nach Karl E. Trautmannsdorff: Von der Frühzeit der Wiener Walzerseligkeit. Wien, ein literarisches Porträt, hrsg. von Jospeh Peter Strelka, Frankfurt 1995, S. 13.
20 Friedrich Torberg: Die Tante Jolesch, a.a.O., S. 56.

Zeichenerklärung:

* = einfach

** = braucht etwas Zeit

*** = braucht Übung

Eiermus mit Milchkaffee *

Mus oder Brei oder Koch bildete im Alpenland früher die Morgenmahlzeit; Mus bestand aus Milch, Mehl (oder Grieß) und Fett, im besten Fall kamen Rahm oder Eier dazu. In vielen Regionen verwendete man eine eiserne oder kupferne Muspfanne und kochte das Mus über offenem Feuer.

150 g Vollkornweizenmehl
3 Eier
1 EL Honig
1 Prise Salz
⅛ l Milch
50 g Butterschmalz

Mehl in eine Schüssel geben, Eier, Honig und Salz damit verrühren. Milch zugießen, den Teig kräftig schlagen und zum Ausquellen 10 Min. stehen lassen.

Butterschmalz in einer schweren Pfanne erhitzen, den Teig hineingießen und leicht anbraten. Mit einem breiten Pfannenmesser zerteilen und die Musstücke wenden.

Wer mag, kann das Mus auch mit Zimtzucker bestreuen. Früher trank man zum Mus Malzkaffee mit viel Milch.

Türkenkoch mit Heidelbeeren *

Maisbrei mit Heidelbeeren

Auch wenn der Mais aus der Neuen Welt zu uns gekommen ist, so hat ihn doch der Volksmund in Tirol den Welschen, also den Nachbarn im Süden, und sogar den fernen Türken zugeordnet. Türken- oder Polentakoch bildete in vielen Regionen das bäuerliche Frühstück.

¼ l Milch
¾ l Wasser
300 g Maisgrieß
Salz
50 g Butter
125 g frische Heidelbeeren oder Heidelbeerkompott

Milch und Wasser in einem Topf aufkochen, den Maisgrieß löffelweise hineingeben und unter Rühren aufkochen. Salz zufügen und den Brei bei ganz schwacher Hitze (früher hinten auf dem Herd) in etwa 15 Min. zugedeckt ausquellen lassen.

In eine Schüssel gießen, Butter auf dem heißen Brei schmelzen lassen und verstreichen.

Heidelbeeren darüberstreuen oder extra dazugeben.

Feiner wird das Koch, also der Maisbrei, wenn man das Mengenverhältnis von Milch und Wasser umkehrt, also ¾ l Milch und ¼ l Wasser verwendet.

Auch Sauerkirschen oder Preiselbeerkompott passen zum Türkenkoch.

Buttermilchsuppe mit Brotstücken *

Statt Kaffee kam in vielen ländlichen Haushalten zur ersten Mahlzeit eine Morgensuppe auf den Tisch, die über schon etwas trocken gewordene Brotstücke gegossen wurde und den ersten Hunger stillte.

½ l Wasser
½ l Buttermilch
1 TL Kümmel
Salz
50 ml Sauerrahm
1 EL Vollkornweizenmehl
1 EL gehackter Dill
2 Scheiben Mischbrot

Wasser und Buttermilch zum Kochen bringen, mit Kümmel und Salz würzen. Sauerrahm mit Mehl gut verrühren, so daß es keine Klümpchen gibt, unter Rühren in die kochende Suppe einlaufen und einige Minuten mitkochen lassen. Vom Herd nehmen. Gehackten Dill daraufstreuen.

Das Brot auf der Herdplatte (oder im Toaster) rösten, in Stückchen brechen und auf die Teller verteilen, die Suppe daraufgießen.

Topfenmus mit Milch *

Quarkmus mit Milch

Milchprodukte spielten in der alpenländischen Küche immer eine Hauptrolle; der Bauerntopfen war trocken und bröckelig. Bei Verwendung von Quark (20 % Fett) drückt man diesen am besten in einem Tuch etwas aus.

500 g trockenen Quark (Topfen)
250 g Vollkornweizenmehl
Salz
¼ l Milch
100 g Butter
Honig oder Marmelade

Quark, Mehl, Salz und Milch gut verrühren. Butter in einer schweren Pfanne erhitzen, die Masse hineingeben und von unten leicht anbräunen. In Stücke zerreißen und diese rundherum knusprig werden lassen.

Nach Geschmack gibt es Marmelade, Honig oder Kompott sowie ein großes Glas Milch dazu.

Das Topfenmus wird lockerer, wenn man ein Ei trennt, das Dotter in den Teig rührt, das Eiweiß zu Schnee schlägt und dieses vorsichtig unterhebt.

Erdäpfelkas mit Topfen *

Kartoffelkäse mit Quark

250 g Kartoffeln
1 Bund glatte Petersilie
1 Bund Frühlingszwiebeln
200 g trockenen Quark (Topfen)
100 g Sauerrahm
Salz, Pfeffer

Kartoffeln in der Schale kochen, abziehen und abkühlen lassen.

Petersilie waschen, trockentupfen und feinhacken. Frühlingszwiebeln putzen und samt dem Zwiebellauch in feine Ringe schneiden.

Kartoffeln mit einer Gabel fein zerdrücken oder passieren und mit Quark und Sauerrahm kräftig aufschlagen. Petersilie und Frühlingszwiebeln, Salz und Pfeffer unterrühren.

Kartoffelkas schmeckt zu frischem Brot oder Salzbrezen.

Hans Haas

Küchenchef des »Tantris«
(Deutschlands erstem
Haute-Cuisine-Restaurant)
Jahrgang 1957
Geboren in Oberau-Wildschönau/
Tirol

Wenn Sie zwei Wochen lang jeden Tag das gleiche essen müßten, wofür würden Sie sich entscheiden?
Wiener Schnitzel.

Auf welchen kulinarischen Luxus können Sie mühelos verzichten?
Auf Schneckeneier und Schildkröte.

Was war Ihre Leibspeise in der Kindheit?
Wildschönauer Käsekrapfen.

Was sind für Sie die drei Grundbestandteile der österreichischen Küche?
Mehl, Schmalz, Eier.

Hätten Sie nur eine ganz schmale Rente: Wovon würden Sie sich vor allem ernähren?
Mehlspeisen, Teigwaren.

Sinnlose Verschwendung: Woran denken Sie da im Bereich Essen und Trinken?
Tourniertes Gemüse.

Welches ist für Sie das beste klassische Gericht Ihrer Heimat?
Gulasch, Wiener Schnitzel oder Backhendl.

Was ist der schlimmste gastronomische Brauch des 20. Jahrhunderts?
Ikebana auf dem Teller.

Bei welchem Essensduft werden Sie schwach?
Leberknödelsuppe.

Sie bereiten ein Liebesmenü für zwei, das sich auch ein Student oder Lehrling leisten könnte. Was gibt es zu essen, was gibt es zu trinken?
Scheibe Lachs mit brauner Butter und Kartoffelbrei, Maultaschen und Kaiserschmarrn, dazu ein österreichischer Riesling Smaragd von Jäger in Weissenkirchen.

Welches österreichische Gericht ist zu Unrecht vergessen?
Beuscherl.

Wenn Sie in Österreich authentisch, einfach, gut und preiswert essen wollen. Wo gehen Sie hin?
In kleine Wirtshäuser auf dem Land, wo vielleicht noch die Familie allein den Betrieb führt.

Liptauer Käse mit Salzstangerln

*

150 g Primsenkäse (Weichkäse aus Schafsmilch), ersatzweise Quark
50 g Butter oder Margarine
1 EL Kümmel
1 TL Senf
1 EL Kapern
1 TL edelsüßer Paprika
1 Bund Schnittlauch
Salzstangerln (mit grobem Salz und Kümmel bestreute Brötchenstangen)

Schafskäse oder Quark mit Butter gut vermischen, Kümmel, Senf, Kapern und Paprika zugeben. Schnittlauch waschen, abtropfen lassen und in Röllchen schneiden. Die Masse mit dem Schneebesen kräftig aufschlagen. (Wenn sie nicht geschmeidig genug ist, einen Eßlöffel Milch oder Sahne zugeben.) Abschmecken, nach Geschmack leicht salzen.

Mit knusprigen Salzstangerln als Zwischenmahlzeit oder Abendessen genießen.

Kärntner Zwiebelaufstrich mit Bauernbrot *

In manchen Regionen Kärntens hat der Zwiebelanbau Tradition; hier weiß man die heilsamen Kräfte des roh gegessenen Knollengewächses besonders zu schätzen.

200 g Zwiebeln
Salz
150 g Sauerrahm
frisches Bauernbrot oder Vollkornsemmeln

Zwiebeln schälen und in ganz dünne Ringe schneiden. Mit Salz bestreuen und einige Minuten stehen lassen.

In einer Schüssel Sauerrahm und gesalzene Zwiebeln verrühren, die Masse dick auf die Brote oder Semmeln streichen.

Steirische Kernöljause *

Besonders spartanisch ging es in manchen Regionen der Steiermark zur Frühstücks- und Jausenzeit zu. In Gegenden, wo Kürbisse angebaut und grünes Kürbiskernöl gepreßt wird, bildet dies die Hauptzutat bei Zwischenmahlzeiten.

100 ml Kürbiskernöl
4 Scheiben Schwarzbrot
4 Kümmelbrötchen

Kürbiskernöl leicht anwärmen und jedem am Tisch einige Löffel voll zuteilen. Man bricht Schwarzbrot und Kümmelbrötchen in kleine Stücke, die ins warme Öl eingetunkt und so gegessen werden.

Schwarzbrotjause mit Rettich und Zwiebeln *

150 g schwarzer Rettich (Winterrettich)
1 große Zwiebel
Salz
3 EL Weinessig
4 EL Sonnenblumenöl
4 Scheiben Schwarzbrot
Butter zum Bestreichen

Rettich schälen und sehr fein hobeln, Zwiebel schälen und in dünne Ringe schneiden. Beides auf einen Teller geben. Rettich und Zwiebeln salzen. Essig und Öl mit dem Schneebesen aufschlagen und über Rettich und Zwiebeln verteilen. Etwas durchziehen lassen.

Die Schwarzbrotscheiben mit Butter bestreichen und zum Rettich essen.

Knödelscheiben in Essig und Öl

*

Die sparsame Hausfrau ist darauf bedacht, auch Reste zu verwerten. In manchen Regionen Oberösterreichs schätzt man eine Jause aus sauren Knödeln.

2–3 kalte Semmelknödel vom Mittagessen
1 mittelgroße Zwiebel
1 Bund Schnittlauch
3 EL Apfelessig
1 EL Wasser
5 EL Sonnenblumenöl
Salz
Pfeffer

Semmelknödel halbieren und die Hälften in dünne Scheiben schneiden. Zwiebel schälen und sehr fein hacken. Schnittlauch waschen, trockentupfen und in Röllchen schneiden. Alles in einer Schüssel vermischen.

Essig, Wasser und Öl mit Salz und Pfeffer kräftig aufschlagen und über den Knödelscheiben und Zwiebeln verteilen. Kurz durchziehen lassen.

Grammelpogatscherl **

Griebenplätzchen

In den Weingegenden Ostösterreichs, vor allem im Burgenland und in Niederösterreich, ißt man dieses deftige Gebäck zum Wein oder zum Gespritzten als kleinen Imbiß.

250 g Grieben (Grammeln, aus etwa 750 g Rohspeck oder Flomen)
250 g Weizenmehl
½ Würfel Hefe (Germ)
2 Eidotter
50 ml Weißwein
1 EL Sauerrahm
schwarzer Pfeffer
Salz, Kümmel
Schmalz oder Öl für das Backblech

Die Grieben auf einem Brett sehr fein hacken und in einer Schüssel mit Mehl mischen. Hefe in etwas lauwarmem Wasser auflösen und mit einem Eidotter, Weißwein, reichlich grob gemahlenem Pfeffer und Salz in die Schüssel geben. Den Teig so lange schlagen, bis er Blasen wirft und sich vom Schüsselrand löst. Auf ein mit Mehl bestreutes Nudelbrett oder die Arbeitsplatte geben und mit einem Tuch zugedeckt eine Viertelstunde stehen lassen.

Den Teig einen knappen Zentimeter dick ausrollen, zweimal zusammenlegen und nochmals zugedeckt 10 Min. ruhen lassen.

Den Teig einen guten Zentimeter dick ausrollen und mit dem Krapfenstecher oder einem Glas kleine Kreise (etwa 6 cm Durchmesser) ausstechen. Auf das gefettete Backblech setzen. Mit einem Tuch zudecken und 15 Min. ruhen lassen.

Den Backofen auf 200° C (Gas Stufe 3) vorheizen.

Mit dem Messer die Pogatscherl gitterartig einschneiden. Den zweiten Eidotter mit etwas Wasser verrühren und die Pogatscherl damit bestreichen. Mit Kümmel bestreuen. Im heißen Backofen in etwa 20 Min. goldgelb backen.

ERDÄPFELSUPPE MIT DÖRRPILZEN *

Kartoffelsuppe mit Trockenpilzen

10 g getrocknete Pilze (Pfifferlinge oder Steinpilze)
2 große Zwiebeln
2 Knoblauchzehen
4 mittelgroße Kartoffeln
4 EL Sonnenblumenöl
1 EL edelsüßes Paprikapulver
1 ¼ l Fleisch- oder Gemüsebrühe
1 TL Kümmel
Salz
3 EL Sauerrahm
1 Bund Petersilie oder Kerbel

Pilze auf einem Sieb waschen und in wenig Wasser einweichen.

Zwiebeln und Knoblauch schälen und fein hacken. Kartoffeln schälen und in Würfel schneiden.

Öl in einem Topf erhitzen, Zwiebeln und Knoblauch darin glasig werden lassen. Kartoffelwürfel zugeben, mit Paprikapulver würzen und alles kurz anbraten.

Gemüsebrühe angießen, die eingeweichten Pilze samt Einweichwasser zugeben, Kümmel einstreuen. Das Ganze 30 Min. kochen lassen.

Suppe durch ein Sieb passieren oder im Mixer pürieren und wieder zum Kochen bringen. Mit Salz abschmecken. Vom Herd nehmen, saure Sahne einrühren, nicht mehr kochen lassen.

Petersilie oder Kerbel waschen, abtropfen lassen, fein hacken und über die Suppe streuen.

Selleriesuppe *

1 mittelgroße Sellerieknolle (250 g)
1 l Kalbsknochen- oder Gemüsebrühe
50 g Butter
50 g Weizenmehl
¼ l Milch
einige Tropfen Zitronensaft
etwas abgeriebene Muskatnuß
1 Eidotter
1 Bund glatte Petersilie

Sellerieknolle schälen und in kleine Würfel schneiden. Kalbsknochen- oder Gemüsebrühe zum Kochen bringen, Sellerie darin weich kochen. Durchpassieren oder im Mixer pürieren.

Butter in einem Topf erhitzen, Mehl dazugeben, glattrühren und dabei leicht Farbe nehmen lassen. Mit Milch und Selleriebrühe aufgießen. 7 Min. kochen lassen. Mit Zitronensaft und Muskat abschmecken. Suppe vom Herd nehmen, etwas abkühlen lassen und den Eidotter mit dem Schneebesen unterschlagen. Warm halten, aber nicht mehr kochen lassen. Petersilie waschen, trockentupfen und sehr fein hacken. Die Suppe auf den Tellern anrichten und mit Petersilie bestreuen.

Karfiolsuppe

*

Blumenkohlsuppe

In Wien und im Osten Österreichs sagt man Karfiol und meint doch Blumenkohl.

1 kleiner Blumenkohl
Salz
1 ¼ l Gemüsebrühe
1 Bund Kerbel
50 g Butter
50 g Mehl
50 ml Sahne
1 Stück Würfelzucker

Den Blumenkohl putzen und in kleine Röschen teilen. 30 Min. in gesalzenem Wasser stehen lassen, damit eventuell darin sitzende Insekten nach oben schwimmen.

Gemüsebrühe zum Kochen bringen. Kerbel waschen, abtropfen lassen und feinhacken.

Die Blumenkohlröschen aus dem Wasser nehmen und auf einem Sieb nochmals waschen. In die kochende Brühe geben und 20 Min. kochen.

Einige schöne Röschen herausnehmen und beiseite legen. Die anderen Röschen in der Brühe pürieren.

Butter erhitzen und Mehl hineinrühren. Etwas anschwitzen lassen und nach und nach mit Blumenkohlbrühe aufgießen. 10 Min. kochen lassen. Sahne und Würfelzucker zugeben, die Suppe umrühren, die zurückbehaltenen Röschen hineingeben. Die Suppe auf Teller füllen. Mit gehacktem Kerbel bestreuen.

Steirische Kürbissuppe *

Aus der Südsteiermark kommt nicht nur das feine Kürbisöl, von dort stammen auch die meisten Rezepte für Kürbisgerichte.

500 g Spargelkürbis
½ l Milch
½ TL Kümmel, Salz
20 g Butter
1 Stück Würfelzucker
2 Scheiben Graubrot

Kürbis schälen, mit einem Löffel das weiche Innere samt den Kernen herauskratzen, das Kürbisfleisch in Würfel schneiden; diese bedeckt mit Wasser und etwas Salz in 20 Min. weich kochen.

Milch mit Kümmel, Butter und Zucker erhitzen.

Die gekochten Kürbiswürfel samt dem Kochwasser pürieren und in die kochende Milch geben. Mit Salz abschmecken. Das Graubrot auf der Herdplatte oder im Toaster rösten, in Stücke schneiden oder brechen und auf die Teller verteilen. Die Suppe darübergießen.

Variante: Kürbissuppe feine Art

1 mittelgroße Zwiebel
1 Knoblauchzehe
500 g Spargelkürbis
¾ l Gemüsebrühe
1 Bund Dill
5 EL Pflanzenöl
1 EL Mehl
¼ l Weißwein
¼ l Sauerrahm

Zwiebeln und Knoblauch schälen und fein hacken. Den Kürbis schälen, mit einem Löffel das weiche Innere samt den Kernen herauskratzen und das Fruchtfleisch in Stücke schneiden.

Dill waschen und abtropfen lassen.

Öl in einem Topf erhitzen, Zwiebeln und Knoblauch darin glasig werden lassen. Mehl auf die Zwiebeln streuen und unter Rühren etwas Farbe nehmen lassen.

Die inzwischen weichgekochten Kürbisstücke samt der Brühe langsam zugießen, umrühren und aufkochen lassen. Die Suppe pürieren. Erneut zum Kochen bringen, Weißwein angießen, erhitzen, zum Schluß den Sauerrahm mit dem Schneebesen in die Suppe rühren. Dill fein schneiden und auf die Suppe streuen.

Sauerkrautsuppe *

Hier haben die sparsamen Hausfrauen im Burgenland und in Wien den ungarischen Nachbarinnen in die Suppentöpfe geschaut.

1 große Zwiebel
100 g Räucherspeck
1 EL Öl
500 g Sauerkraut
1 TL edelsüßes Paprikapulver
1 l Knochenbrühe
1 mittelgroße Kartoffel
2 EL Sauerrahm

Zwiebel schälen und fein hacken. Speck in feine Streifen schneiden. Öl in einem Topf erhitzen, Speck darin anbraten, Zwiebel zugeben und glasig werden lassen.

Sauerkraut kurz schneiden und in den Topf geben, einige Minuten mitbraten, Paprika zugeben und unterrühren. Knochenbrühe angießen. Die Suppe 45 Min. kochen lassen.

Kartoffel schälen und roh in die Suppe reiben. Nochmals 15 Min. kochen lassen. Zum Schluß den Sauerrahm einrühren.

Wenn die Suppe etwas üppiger werden soll, kann man 10 Min. vor Ende der Garzeit einige in Scheiben geschnittene Debrecziner Würstel hineingeben.

Kräutersuppe *

Eine solche Suppe kann man nur im Frühling zubereiten, weil die frischen Spitzen der gerade aufsprießenden Kräuter verwendet werden. In vielen Regionen ißt man sie als vorösterliche Fastensuppe.

200 g frische Kräuter
(z.B. Petersilie, Kerbel, Löwenzahn, Brennessel, Sauerampfer, Schafgarbe, Pimpinelle)
1 Zwiebel
50 g Butter
50 g Mehl
1 l Gemüsebrühe
Salz
1 Eidotter
2 EL Sahne

Kräuter waschen, eine Handvoll Petersilien- und Kerbelblättchen beiseite legen, alles übrige sehr fein hacken. Zwiebel schälen und fein hacken.

Butter in einem Topf erhitzen, Zwiebeln darin weich und gla-

sig werden lassen; Kräuter zugeben und einige Minuten mitdünsten. Mehl darüberstreuen und unter Rühren leicht anrösten. Brühe angießen, die Suppe 20 Min. kochen lassen.

Durch ein Sieb passieren oder pürieren.

Suppe erhitzen und dann vom Herd nehmen. Eidotter und Sahne verquirlen, einige Eßlöffel heiße Suppe unterrühren. Die Mischung in die nicht mehr kochende Suppe gießen. Mit Salz abschmecken. Beiseite gelegte Petersilie und Kerbel fein hacken und über die Suppe streuen.

Besonders sättigend ist die Suppe, wenn man in Butter oder Öl geröstete Brotstückchen dazu gibt.

Knofelsuppe *

Knoblauchsuppe

5–6 frische Knoblauchzehen
Salz
40 g Schmalz oder Butter
1 TL Kümmel
1 ¼ l Knochenbrühe
1 große Kartoffel
1 Bund Kerbel
2 Semmeln vom Vortag
3 EL Öl

Knoblauchzehen schälen und mit etwas Salz zu einer Paste zerstoßen. Schmalz oder Butter erhitzen, Knoblauch und Kümmel hineingeben und sofort die Brühe angießen (Knoblauch darf nicht geröstet werden). Die Suppe zum Kochen bringen.

Kartoffel schälen und roh in die Suppe reiben; diese 30 Min. kochen lassen.

Kerbel waschen, trockentupfen und fein hacken. Semmeln in Scheiben, diese in kleine Würfel schneiden. Öl erhitzen, die Würfel darin kurz anrösten. Suppe auf den Tellern verteilen, Semmelwürfel hineingeben, Kerbel über die Suppe streuen.

Kalbsknochensuppe mit Rahm *

Kalbsknochensuppe bereitete man früher gleich auf Vorrat, weil die Brühe bei vielen Gerichten Verwendung finden kann.

1 kg Kalbsknochen
2 große Karotten
1 Petersilienwurzel
1 Zwiebel
2 Gewürznelken
1 ½ l Wasser
weiße Pfefferkörner
1 Lorbeerblatt
Salz
⅛ l Sahne
1 EL Kartoffelmehl

Kalbsknochen vom Metzger klein hacken lassen. Unter fließendem Wasser waschen und für 2 Minuten in kochendes Wasser legen. Herausnehmen und nochmals kalt waschen, gut abtropfen lassen. Das erste Kochwasser wegschütten.

Karotten und Petersilienwurzel schälen und halbieren. Zwiebel schälen, Gewürznelken hineinstecken.

Wasser in einem Topf zum Kochen bringen, Kalbsknochen und Gemüse sowie Pfefferkörner, Lorbeerblatt und Salz zugeben. 2 Stunden mehr ziehen als kochen lassen.

Die Suppe durch ein feines Haarsieb gießen. Die Brühe zum Kochen bringen. Sahne und Kartoffelmehl gut verrühren und in die kochende Suppe einlaufen lassen. 5 Min. weiterkochen, abschmecken und mit gerösteten Weißbrotscheiben servieren.

FRITTATENSUPPE **

Pfannkuchensuppe

3 gehäufte EL Mehl
Salz
1 Ei
⅛ l Milch
Schmalz oder Margarine zum Backen
1 l Fleisch-, Knochen- oder Gemüsebrühe
1 Bund Petersilie

Mehl, Salz und Ei verrühren, nach und nach die Milch dazugießen und den Teig kräftig schlagen. Einige Minuten zum Ausquellen stehen lassen.

Petersilie waschen, abtropfen lassen und fein hacken.

In einer Pfanne etwas Fett auslassen und einen kleinen Schöpfer Teig hineingießen; den Teig nach allen Seiten verrinnen lassen; den hauchdünnen Eierkuchen auf beiden Seiten hellbraun backen. Fortfahren, bis der gesamte Teig gebacken ist.

Brühe erhitzen. Eierkuchen (Frittaten) zusammenlegen und in ganz schmale Streifen schneiden. Diese auf den Tellern verteilen und die Suppe darübergießen. Mit gehackter Petersilie bestreuen.

Backerbsensuppe **

Backerbsen bekommt man heute fertig zu kaufen; die traditionsbewußte Wiener Hausfrau aber bereitet sie natürlich selbst, zumal die hausgemachten viel besser schmecken.

3 gehäufte EL Mehl
6 EL Wasser
1 Ei
Salz
Fett zum Backen oder Fritieren
¾ l Knochen- oder Gemüsebrühe
1 Bund Schnittlauch

Mehl, Wasser, Ei und Salz zu einem glatten Teig rühren. Reichlich Fett erhitzen. Den Teig in ein Sieb mit größeren Löchern oder auf einen Schaumlöffel geben und ins heiße Fett tropfen lassen. Sobald die erbsenförmigen Bällchen goldgelb sind, werden sie mit einem Schaumlöffel herausgehoben. Abtropfen lassen.

Brühe erhitzen. Schnittlauch waschen, abtropfen lassen, in Röllchen schneiden.

Backerbsen auf die Suppenteller verteilen, die Suppe darübergießen, mit Schnittlauchröllchen bestreuen.

ROLLGERSTELSUPPE *

Graupensuppe

60–80 g Graupen
1 kleine Zwiebel
1 kleine Stange Lauch
40 g Margarine oder Schmalz
1 ¼ l Wasser oder Brühe (Würfel)
Salz
1 Eidotter
1 EL Sahne
etwas abgeriebene Muskatnuß

Graupen in wenig Wasser zum Kochen bringen, dann auf ein Sieb gießen und kalt abbrausen, abtropfen lassen.

Zwiebel schälen und fein hacken. Lauchstange der Länge nach aufschneiden, sorgfältig waschen und in ganz feine Streifen schneiden.

Fett in einem Topf zerlassen, Zwiebeln und Lauch darin anbraten.

Graupen dazugeben, unter Rühren kurz mitbraten und dann Wasser oder Brühe zugießen. Salzen und etwa 1 Std. kochen lassen.

Eidotter und Sahne verrühren, etwas Muskat zugeben. Die Suppe vom Herd nehmen, einige Eßlöffel davon unter die Eidotter-Sahne-Mischung geben. Diese in die Graupensuppe einrühren.

Baumwollsuppe *

Man nennt dieses Gericht auch Eintropfsuppe, weil der dünne Teig in feinem Strahl (wie Baumwollfäden) in die kochende Brühe tropfen soll.

2 Eier
1 EL Mehl
Salz
etwas Milch
1 l Knochen- oder Gemüsebrühe
1 Bund Kerbel

Eier, Mehl und Salz gut verrühren, so viel Milch zugeben, daß ein tropffähiger Teig entsteht.

Die Brühe zum Kochen bringen. Kerbel waschen, abtropfen lassen und fein hacken.

Den Teig durch einen kleinen Trichter langsam in die Brühe eintropfen lassen; die Suppe muß dabei weiterkochen. Wenn alles eingelaufen ist, noch 3 Min. ziehen lassen. Kerbel darüberstreuen.

Butternockerlsuppe **

Butterklößchensuppe

50 g Butter
1 Ei
70 g Mehl
1 TL Grieß
etwas abgeriebene Muskatnuß
Salz
1 Bund Petersilie
3 Sellerieblätter
1 ¼ l Fleisch- und Knochenbrühe
1 TL edelsüßes Paprikapulver

Butter in dem Ei mit einer Gabel zerdrücken, nach und nach Mehl, Grieß, etwas Muskat und Salz zugeben, die Zutaten zu einem festen Teig verarbeiten. 10 Min. stehen lassen.

Petersilie und Sellerieblätter waschen, abtropfen lassen und sehr fein hacken. Beides unter den Teig mischen.

Brühe zum Kochen bringen, Paprikapulver zugeben. Mit einem Kaffeelöffel von dem Teig nicht zu kleine Nocken abstechen und in die kochende Brühe einlegen. Die Nockerln 10 Min. in der Suppe bei schwacher Hitze mehr ziehen als kochen lassen.

GRIESSGERSTELSUPPE **

Suppe mit gerebeltem Grießteig

30 g Margarine
1 Ei
2–3 EL Grieß
Salz

1 l Knochen- oder Gemüsebrühe
½ TL edelsüßes Paprikapulver
1 Bund Petersilie

Margarine und Ei mit einer Gabel verrühren, so viel Grieß untermischen, daß ein nicht zu fester Teig entsteht, salzen, 10 Min. stehen lassen.

Brühe zum Kochen bringen, Paprikapulver zugeben; eine grobe Reibe über den Topf legen, den Teig daraufgeben und durch die Reibe in die Suppe drücken. 5 Min. bei schwacher Hitze kochen lassen.

Petersilie waschen, abtropfen lassen und fein hacken. Über die Grießgerstelsuppe streuen.

Brotsuppe *

Vorarlberger Hausfrauen bereiteten aus alt und trocken gewordenem Brot eine einfache, aber herzhafte Suppe.

150 g dunkles Graubrot in dünnen Scheiben
1 kleine Zwiebel
1 Bund Petersilie
40 g Schmalz
1 EL Mehl
Salz
1 l Wasser oder Knochenbrühe
1 Ei

Graubrot in Stücke schneiden. Zwiebel schälen und fein hacken. Petersilie waschen, abtropfen lassen, ebenfalls fein hacken.

Schmalz in einem Topf erhitzen, Brotstücke und Mehl hineingeben und etwas anrösten. Mit Wasser oder Brühe aufgießen, salzen. Die Suppe so lange kochen, bis die Brotstücke zerfallen.

Suppe vom Herd nehmen, Ei mit 2 Löffeln Suppe verrühren, dann mit dem Schneebesen in die Suppe schlagen. In eine Terrine gießen und mit Petersilie bestreuen.

Steirische Stosuppe *

Bei den steirischen Bergbauern, wo Fleischsuppe nur an hohen Feiertagen gekocht wurde, gab es dieses auch Stoßsuppe (»sto« ist das slawische Wort für »gerinnen«) genannte Gericht als Auftakt des Mittagessens.

1 l Wasser
1 TL Kümmel
Salz
¼ l saure (geronnene) Milch
2 EL Mehl
3–4 in der Schale gekochte Kartoffeln
⅛ l Sahne
1 Bund Schnittlauch

Wasser mit Kümmel und Salz zum Kochen bringen.

Saure Milch mit dem Mehl gut verrühren, in das kochende Wasser gießen. 5 Min. kochen lassen.

Kartoffeln abziehen, in kleine Würfel schneiden und in die Suppe geben. Sahne einrühren.

Schnittlauch waschen, trockentupfen und in Röllchen schneiden. Über die Suppe streuen.

Friedrich von Thun

eigentlich Friedrich Graf von Thun-Hohenstein
Schauspieler
Jahrgang 1942
Geboren in Kwassitz, Böhmen

Wenn Sie zwei Wochen lang jeden Tag das gleiche essen müßten, wofür würden Sie sich entscheiden?
Für Erdäpfel, gebraten, gekocht, gebacken und in der Suppe.

Auf welchen kulinarischen Luxus können Sie mühelos verzichten?
Auf vergoldete Speisen und mehr als 4 Gänge.

Was war Ihre Leibspeise in der Kindheit?
Bramborovi (was auf tschechisch Kartoffeln heißt) und Platzki, eine Art Kartoffelpuffer, in die Sauerkraut eingerollt wurde. Platzki gehören nicht in der Pfanne, sondern auf der Herdplatte gebraten, die vorher mit einer Feder mit Gänseschmalz eingestrichen wurde.

Was sind für Sie die drei Grundbestandteile der österreichischen Küche?
3, vielleicht sogar 4 Wesen, nicht 3 Zutaten: Böhmen-Ungarn-Österreich/Norditalien.

Hätten Sie nur eine ganz schmale Rente: Wovon würden Sie sich vor allem ernähren?
Von Spaghetti und Kopfsalat.

Sinnlose Verschwendung: Woran denken Sie da im Bereich Essen und Trinken?
An teure Import-Weißweine, wo es doch den Grünen Veltliner gibt.

Welches ist für Sie das beste klassische Gericht Ihrer Heimat?
Palatschinken.

Was ist der schlimmste gastronomische Brauch des 20. Jahrhunderts?
Die Abkehr von der echten bürgerlichen Küche und die Tendenz zur elitären Diätküche.

Bei welchem Essensduft werden Sie schwach?
Weihnachtsgebäck.

Sie bereiten ein Liebesmenü für zwei, das sich auch ein Student oder Lehrling leisten könnte. Was gibt es zu essen, was gibt es zu trinken?
Fleischlaberln, Spinat und Bratkartoffeln und dazu einen Grünen Veltliner.

Welches österreichische Gericht ist zu Unrecht vergessen?
Bramborovi und Platzki.

Wenn Sie in Österreich authentisch, einfach, gut und preiswert essen wollen. Wo gehen Sie hin?
In ein Beisl.

Burgenländer Topfensuppe *

Quarksuppe aus dem Burgenland

Ein nach heutigen Vorstellungen sehr gesundes Armeleutegericht aus dem lange Zeit ärmsten der heutigen österreichischen Bundesländer.

¾ l Magermilch
Salz
1 TL Kümmel
20 g Butter
250 g Topfen (Quark 20 %)
3 gekochte Salzkartoffeln
1 Bund Dill

Magermilch mit Salz, Kümmel und Butter zum Kochen bringen und 10 Min. bei schwacher Hitze ziehen lassen.

In einem zweiten Topf den Topfen mit einem Schneebesen schaumig aufschlagen, die kochende Milch unterrühren, weitere 10 Min. kochen lassen.

Salzkartoffeln in Scheiben schneiden, Dill waschen, trockentupfen und fein schneiden. Kartoffeln und Dill in die Suppe geben.

Wenn's etwas gehaltvoller werden soll, gibt man noch einige Eßlöffel Rahm dazu.

Einbrennsuppe mit Kümmel *

1 kleine Zwiebel
1 Knoblauchzehe
1 Bund Petersilie
30 g Schmalz oder Butter
1 EL Weizenmehl
1 l Fleisch- oder Gemüsebrühe
2 TL Kümmel
Salz
2 Scheiben Weißbrot
etwas Sonnenblumenöl

Zwiebel und Knoblauch schälen und fein hacken. Petersilie waschen, abtropfen lassen, ebenfalls fein hacken.

Fett in einem Topf erhitzen, Zwiebeln, Knoblauch und Petersilie darin leicht anrösten, Mehl zugeben und miträsten, bis es hellbraun ist. Brühe angießen, Kümmel dazugeben, salzen und die Suppe 15 Min. kochen lassen.

Weißbrot in kleine Würfel schneiden und in heißem Öl von allen Seiten knusprig werden lassen.

Suppe auf die Teller füllen, Brotwürfel hineingeben.

Tiroler Linsenpüreesuppe *

250 g Linsen
1 l Einweichwasser
1 Karotte
50 g Sellerie
1 große Kartoffel
½ l Fleischbrühe
1 Lorbeerblatt
Salz
Pfeffer
1 TL getrockneter Thymian
1 TL getrockneter Salbei
1 große Zwiebel
1 Knoblauchzehe
2 EL Öl
60 g Räucherspeck
2 EL Sauerrahm

Linsen am Vorabend auf einem Sieb waschen und über Nacht in Wasser einweichen.

Am nächsten Tag Karotte, Sellerie und Kartoffel schälen und in Stücke schneiden. Linsen im Einweichwasser und dem halben Liter Brühe mit Lorbeerblatt, Salz, Pfeffer, Thymian und Salbei sowie den Gemüsestücken zum Kochen bringen. 1 Stunde kochen lassen. Anschließend passieren oder im Mixer pürieren.

Zwiebel und Knoblauch schälen und sehr fein hacken. Räucherspeck in kleine Würfel schneiden, mit Zwiebeln knusprig anbraten.

Ganz zum Schluß den gehackten Knoblauch zugeben, vom Herd nehmen.

Die pürierte Linsensuppe zum Kochen bringen, Zwiebeln und Speck hineinrühren, noch einmal aufkochen lassen.

Auf die Teller füllen und je einen Teelöffel Sauerrahm daraufgeben.

LEBERREISSUPPE **

125 g Leber (vom Rind oder Schwein)
2 Semmeln
Milch
1 kleine Zwiebel
1 Knoblauchzehe
1 Bund Petersilie
1 Ei
1 TL getrockneter Majoran
Pfeffer
Salz
30–50 g Semmelbrösel
1 ¼ l Knochenbrühe
½ TL edelsüßes Paprikapulver

Leber fein schaben oder durch den Fleischwolf drehen. Semmeln in etwas Milch einweichen. Zwiebel und Knoblauchzehe schälen. Petersilie waschen, abtropfen lassen und fein hacken.

Leber und gut ausgedrückte Semmeln in eine Schüssel geben, Zwiebel auf die Masse reiben, Knoblauchzehe durchpressen und ebenfalls zugeben. Ei, Petersilie, Majoran, Pfeffer und Salz zufügen, das Ganze zu einem glatten Teig vermischen. Nur so viele Semmelbrösel unterrühren, daß der Teig noch geschmeidig ist.

Brühe zum Kochen bringen. Eine grobe Reibe umgekehrt über den Topf legen, die Lebermasse auf das Sieb geben und in die Brühe streichen. Wenn der gesamte Teig durchgedrückt ist, die Suppe noch 2 Min. kochen lassen.

Einmachsuppe mit Schweinefleisch **

Für eine Einmachsuppe, wie sie in der Wiener Küche so beliebt ist, lassen sich allerlei Fleischreste, aber auch Fleischknochen verwenden.

150 g Schweinefleisch (auch fette Abschnitte von Koteletts oder Schulter oder knochige Stücke)
1 kleine Zwiebel
30 g Margarine
Salz
2 große Karotten
2 Petersilienwurzeln
1 Knoblauchzehe
1 ¼ l Wasser oder Brühe
schwarze Pfefferkörner
1 Lorbeerblatt
1 EL Mehl
2 EL feine Suppennudeln
1 Bund Petersilie

Fleisch oder Fleischreste in kleine Stücke schneiden. Zwiebel schälen und fein hacken.

Margarine in einem Topf erhitzen, Fleisch und Zwiebeln darin anbraten, salzen und zugedeckt 30 Min. bei schwacher Hitze dünsten.

Karotten und Petersilienwurzeln schälen und halbieren, Knoblauchzehe waschen und die Enden abschneiden. Wasser zum Kochen bringen, Pfefferkörner, Lorbeerblatt, Karotten, Petersilienwurzeln und Knoblauch zugeben, salzen und eine halbe Stunde kochen lassen. Gemüsebrühe durch ein Sieb gießen.

Die Fleischstückchen aus dem Bratfett nehmen, Mehl ins Bratfett rühren und leicht Farbe nehmen lassen, mit der abgeseihten Brühe aufgießen.

Zum Kochen bringen, die Fleischstücke und Suppennudeln einlegen. Gekochte Gemüse in Scheiben schneiden und ebenfalls zugeben. 5 Min. kochen lassen.

Petersilie waschen, abtropfen lassen, fein hacken und über die Suppe streuen.

Tiroler Speckknödelsuppe **

Speckknödel, die klassischen Tiroler Knödel, ißt man trocken oder in einer Rinds- oder Knochensuppe. Früher, als die Zeiten karger waren, kamen sie in der mit viel Schnittlauch bestreuten »Knödelsuppe«, also im gesalzenen Kochwasser für die Knödel, auf den Tisch.

4 altbackene Semmeln
1 mittelgroße Zwiebel
1 Bund Petersilie
150 g gut durchwachsener Räucherspeck
knapp ¼ l Milch
1–2 Eier
2–3 EL Mehl
Pfeffer
Salz
1 l Knochen- oder Fleischbrühe
1 Bund Schnittlauch

Semmeln in kleine Würfel schneiden und in eine Schüssel geben. Zwiebel schälen und fein hacken. Petersilie waschen, abtropfen lassen und ebenfalls fein hacken. Räucherspeck in kleine Würfel schneiden.

Speck in einer Pfanne auslassen, Zwiebeln und Petersilie darin mitbraten, über die Semmelwürfel gießen. Milch, Eier und so viel Mehl dazugeben, daß ein fester Knödelteig entsteht. Mit Pfeffer und Salz würzen.

Reichlich gesalzenes Wasser zum Kochen bringen. Aus dem Teig große Knödel formen und ins Kochwasser einlegen. 12 bis 15 Min. bei schwacher Hitze kochen lassen.

Inzwischen die Brühe erhitzen. Schnittlauch waschen, abtropfen lassen und in Röllchen schneiden.

Speckknödel aus dem Kochwasser heben und abtropfen lassen. In die heiße Brühe geben, heiß halten. Auf jeden Teller einen Knödel und einen Schöpflöffel Brühe geben, mit Schnittlauch bestreuen.

FISCHBEUSCHERLSUPPE **

Fischsuppe mit Rogen

Fischsud:
Einige Fischköpfe (z.B. von Karpfen oder Hecht)
1 ½ l Wasser
Salz, 2 EL Essig
1 Lorbeerblatt
2 Gewürznelken
10 schwarze Pfefferkörner
Suppe:
1 kleine Zwiebel
½ Bund Petersilie
2 mittlere Karotten
50 g Knollensellerie
40 g Margarine oder Butter
1 EL Mehl
etwas Zitronenschale (unbehandelt)
1 ¼ l Fischbrühe
100 g Rogen vom Karpfen
150 g ausgelöstes Fleisch von den Fischköpfen
Salz, Pfeffer
Essig
Zucker

Für den Fischsud die gewaschenen Fischköpfe in kaltes Wasser geben; Salz, Essig, Lorbeerblatt, Gewürznelken und Pfefferkörner zugeben. Zum Kochen bringen und 1 Std. mehr ziehen als kochen lassen.

Brühe durch ein feines Sieb oder ein Tuch gießen.

Für die Suppe Zwiebel schälen, in kleine Würfel schneiden. Petersilie waschen, abtropfen lassen und fein hacken. Karotten und Sellerie schälen und grob reiben.

Fett in einem Topf erhitzen, Mehl darin leicht anschwitzen lassen. Zwiebel, Petersilie, Möhren- und Sellerieraspel sowie Zitronenschale zugeben und unter Rühren etwas anrösten. Mit Fischbrühe aufgießen, 1 Std. kochen lassen. Von den Fischköpfen ausgelöstes Fleisch und den Fischrogen zerkleinern und in die Suppe geben, diese weitere 5 Min. kochen.

Mit Salz, Pfeffer, Essig und Zucker kräftig abschmecken.

Noch feiner wird die Fischbeuscherlsuppe durch Zusatz von 2–3 Eßlöffeln Sauerrahm.

Erdäpfelgulasch mit Wurst *

Kartoffelgulasch mit Wurst

Im Osten Österreichs, zumal in Wien, spielten im 19. Jahrhundert Kartoffeln als Volksnahrungsmittel eine immer wichtigere Rolle; sie waren billig und machten satt.

750 g Kartoffeln
1 große Zwiebel
1 Knoblauchzehe
40 g Schmalz oder Margarine
2 TL edelsüßes Paprikapulver
1 TL Majoran
1 TL Kümmel
Salz
¼ l Wasser
2 EL Sauerrahm
250 g Fleischwurst (Lyoner)

Kartoffeln schälen und in Scheiben schneiden. Zwiebel und Knoblauch schälen und fein hacken.

Fett erhitzen, Zwiebeln und Knoblauch darin unter Rühren glasig werden lassen, Kartoffelscheiben zugeben. Mit Paprikapulver, Majoran, Kümmel und Salz würzen, Wasser angießen. Das Gulasch zugedeckt 20 Min. kochen.

Sauerrahm einrühren. Fleischwurst in Scheiben oder Würfel schneiden, diese unter das Gulasch mischen.

Auf dem Land aß man zum Kartoffelgulasch auch gern ein Stück gebratene Blutwurst (Blunzen).

Tschikosch-Kartoffeln *

Dieses Gericht – eigentlich in der Ungarischen Tiefebene zu Hause (der Csikós ist der Pferdehirt der Puszta) – hat seinen Weg bis ins Burgenland und sogar nach Wien gefunden.

750 g Kartoffeln
125 g Schmalz
Salz
75 g Räucherspeck
2 große Zwiebeln
1 Paar Debrecziner Würstel
1 EL edelsüßes Paprikapulver
1 Bund Petersilie

Kartoffeln schälen und in Scheiben schneiden. Schmalz erhitzen, Kartoffelscheiben darin nach und nach knusprig braun braten. Auf einem Siebeinsatz abtropfen lassen, leicht salzen.

Räucherspeck in Würfel schneiden. Zwiebeln schälen und fein hacken, Debrecziner in Scheiben schneiden.

Speckwürfel in einer Pfanne auslassen, gehackte Zwiebeln zugeben und glasig werden lassen. Wurstscheiben mitbraten. Paprikapulver unterrühren.

Die knusprigen Kartoffelscheiben zugeben, alles gut vermischen.

Petersilie waschen, trockentupfen und fein hacken. Über das würzige Kartoffelgericht streuen, zu dem man am besten Krautsalat ißt.

Bohnentopf mit Schweinsripperln *

250 g getrocknete weiße Bohnen
1 ¼ l Wasser
750 g Schweinsripperl (auseinandergehackt)
40 g Schmalz oder Margarine
1 große Zwiebel
1 Knoblauchzehe
Salz
Pfeffer
1 TL edelsüßes Paprikapulver
2 TL Mehl

Bohnen waschen und über Nacht einweichen.

Am nächsten Tag im Einweichwasser aufsetzen. 20 g Fett in einer Pfanne erhitzen, Schweinsripperln darin von allen Seiten schön braun anbraten.

Zwiebel und Knoblauch schälen und fein hacken, zu den Ripperln geben und kurz mitrösten. Mit Salz und Pfeffer bestreuen. Das Ganze zu den inzwischen kochenden Bohnen geben. 70 Min. kochen lassen.

Ripperln herausnehmen, das Fleisch davon ablösen und in kleine Stücke schneiden.

Das restliche Fett erhitzen, das Mehl darin leicht anrösten, Paprikapulver untermischen und die Einbrenn (Mehlschwitze) in die Suppe rühren. Fleisch zugeben und den Eintopf nochmals mit Salz oder etwas Maggi abschmecken.

Kohlrüben mit Bauchfleisch **

Lange Zeit waren Kohl- oder Steckrüben auch in Österreich fast vergessen und wurden kaum noch angebaut. Inzwischen besinnt man sich wieder auf die Vorzüge dieser gesunden, wohlschmeckenden und preiswerten Feldfrucht.

250 g Bauchfleisch vom Schwein (Wammerl)
1 große Zwiebel
50 g Margarine
Salz
Pfeffer
1 TL edelsüßes Paprikapulver
1 EL Mehl
½ l Knochenbrühe oder Fleischbrühe (Würfel)
500 g Kohlrüben
1 TL Zucker
1 Bund Petersilie

Bauchfleisch in Scheiben schneiden. Zwiebel schälen und fein hacken.

Fett in einem Topf erhitzen. Die Fleischscheiben darin braun anbraten. Zwiebeln zugeben und mitbraten. Mit Salz, Pfeffer, Paprikapulver würzen. Mehl zugeben, leicht anbräunen. Mit heißer Brühe aufgießen.

Kohlrüben schälen und in Stifte schneiden. Mit dem Zucker zum Fleisch geben. Das Ganze 45 Min. kochen lassen.

Petersilie waschen, abtropfen lassen und fein hacken. Die Hälfte unter Gemüse und Fleisch mischen. Das Gericht in einer Schüssel anrichten. Restliche Petersilie darüberstreuen.

Kürbisrahmgemüse mit Wurstscheiben *

Man verwendet für dieses Gemüsegericht einen der länglichen, weißgelben Gartenkürbisse, die vorwiegend im Osten Österreichs angebaut werden

1 Gartenkürbis (ca. 1000 g)
Salz
1 mittelgroße Zwiebel
1 Knoblauchzehe
40 g Butter oder Schmalz
2 EL Mehl
1 TL Kümmel
2 TL edelsüßes Paprikapulver
¼ l Sauerrahm
1 Bund Dill
2 Paar Frankfurter Würstl

Kürbis schälen, halbieren und die Kerne mit einem Löffel herausschaben. Die Stücke auf einer groben Reibe hobeln. Mit Salz bestreuen und 1 Std. ziehen lassen.

Zwiebel und Knoblauch schälen und fein hacken.

Fett in einem Topf erhitzen, Zwiebeln und Knoblauch darin glasig werden lassen. Mehl zugeben und kurz anrösten. Kürbis leicht ausdrücken und zugeben. Das Gemüse mit Kümmel und Paprikapulver würzen und gut verrühren. Zugedeckt 20 Min. dünsten. Falls der Kürbis nicht genug Wasser zieht, etwas Flüssigkeit zugießen.

Sauerrahm angießen. Würstl in Scheiben schneiden. Dill waschen, trockentupfen und fein schneiden. Beides unter das Gemüse mischen.

Tiroler Gröstl *

Natürlich schmeckt ein Gröstl mit *frischem* Schweinefleisch besser, früher aber wurde es meist mit den Fleischresten vom Sonntagsbraten zubereitet.

250 g Schweineschulter
1 große Zwiebel
30 g Schmalz oder Öl
1 TL getrockneter Majoran
Salz
Pfeffer
50 ml Fleischbrühe
600 g Kartoffeln
40 g Butter
2 Bund Petersilie

Fleisch in blättrig dünne Scheibchen schneiden. Zwiebel schälen und fein hacken.

Schmalz in einer schweren Pfanne erhitzen, Zwiebel darin glasig werden lassen. Fleischscheibchen zugeben und leicht anrösten. Mit Majoran, Salz und Pfeffer würzen. Brühe angießen, das Fleisch darin zugedeckt weichdünsten.

Inzwischen Kartoffeln in der Schale kochen, abziehen, etwas abkühlen lassen und in dünne Scheiben schneiden.

Butter in einer zweiten Pfanne erhitzen, Kartoffeln hineingeben, leicht salzen und knusprig braun braten. Unter die fertig gegarten und ein wenig gebräunten Fleischscheiben mischen und zusammen durchrösten.

Petersilie waschen, trockentupfen, fein hacken, untermischen.

Gefüllte Paprika mit Paradeissauce *

Am besten schmecken Paprikaschoten, die aus Ungarn stammen und nicht grün, sondern gelb und spitz sind. Paradeissauce (Tomatensauce) kann man aus frischen Tomaten zubereiten oder – weniger zeitaufwendig – mit Tomatenmark.

8 große Paprikaschoten
30 g Schmalz
Salz
Für die Füllung:
1 große Zwiebel
1 EL Öl
1 Bund Petersilie
250 g Hackfleisch vom Schwein oder gekochte Fleischreste
1 Ei
1 Tasse gekochter Reis
Salz, Pfeffer

Paradeissauce:
500 g Tomaten (Paradeiser)
1 kleine Zwiebel
1 Knoblauchzehe
1 Karotte
Selleriegrün
50 g Butter
2 EL Mehl
¾ l Knochen- oder Gemüsebrühe
1 Gewürznelke
Pfeffer, Salz
1 TL Zucker

Paprikaschoten waschen, Stielansatz entfernen, am runden Ende eine Kappe abschneiden. Kerne und Scheidewände herausschaben. Mit kochendem Wasser übergießen und die Schoten mit der Öffnung nach unten abtropfen lassen.

Für die Füllung Zwiebel schälen. Öl in einer Pfanne erhitzen, Zwiebeln darin glasig werden lassen. Petersilie waschen, trockentupfen, fein hacken und unter die Zwiebeln mischen. Hackfleisch (oder gehackte Fleischreste) in der Pfanne mit anbraten, leicht bräunen.

Die Masse in eine Schüssel geben, etwas abkühlen lassen. Mit Ei und Reis mischen, mit Salz und Pfeffer würzig abschmecken.

Masse in die Paprikaschoten füllen. Von den Paprika geschnittene Deckel wieder aufsetzen.

Für die Paradeissauce Tomaten waschen und zerkleinern, Zwiebel, Knoblauch und Karotte schälen und kleinschneiden. Selleriegrün waschen und grob hacken.

Butter in einem Topf erhitzen, Zwiebel, Knoblauch, Karotte und Selleriegrün darin anrösten. Mehl darüberstreuen und ebenfalls rösten. Erhitzte Knochen- oder Gemüsebrühe sowie die zerkleinerten Tomaten und die Gewürznelke zugeben, mit Pfeffer und Salz würzen. Die Sauce 20 Min. kochen lassen.

Zum Anbraten der gefüllten Paprikaschoten Schmalz in einem Topf erhitzen, Paprika darin von allen Seiten anbraten.

Die Tomatensauce passieren und zu den Paprikaschoten geben. 1 Stunde kochen lassen. Zum Schluß die Sauce nochmals mit Salz und Zucker abschmecken.

Letscho *

Paprika-Tomaten-Gemüse

Ein Rezept, das aus Ungarn, dem Land des Paprikas, stammt und im ehemals zu Ungarn gehörenden Burgenland genauso beliebt ist wie in seiner Heimat, wo es sich übrigens lecsó schreibt.

6 gelbe Paprikaschoten
½ scharfe Paprikaschote
500 g Tomaten
2 große Zwiebeln
30 g Schmalz
50 g Räucherspeck
150 g gekochte, leicht geräucherte Wurst
Salz

Paprika waschen, halbieren, Stielansätze, Kerne und Scheidewände entfernen, Paprikahälften in feine Streifen schneiden. Scharfe Paprikaschote waschen und hauchdünn schneiden. Tomaten einritzen, mit kochendem Wasser überbrühen, die Haut abziehen, Stielansätze ausschneiden, Tomaten in Stücke schneiden. Zwiebeln schälen und fein hacken.

Schmalz in einem Topf erhitzen. Speck in dünne Streifen schneiden, zusammen mit den Zwiebeln in Fett anbraten, bis die Zwiebeln weich und glasig sind. Paprika und Tomaten in den Topf geben, ebenso den scharfen Paprika. Gemüse 20 Min. im eigenen Saft dünsten lassen.

Wurst in dünne Streifen schneiden. Zum Gemüse geben. 5 Min. mitdünsten. Das Gericht mit Salz abschmecken.

Wenn die Tomaten nicht viel Saft oder Süße haben, etwas Wasser bzw. Zucker zum Letscho geben.

Krautfleisch *

300 g Weißkraut (geputzt gewogen)
1 große Zwiebel
400 g fettes Schweinefleisch
20 g Schmalz oder Butter
¼ l Knochenbrühe
Pfeffer
Salz
1 TL Kümmel

Weißkraut waschen, den Strunk entfernen, das Krautstück in feine Streifen schneiden. Zwiebel schälen und fein hacken. Schweinefleisch in kleine Würfel schneiden.

Schmalz in einem Topf erhitzen, Zwiebeln darin anrösten, Fleischwürfel zugeben und rundherum anbraten. Geschnittenes Kraut ebenfalls zugeben, kurz mitrösten. Knochenbrühe angießen, mit Pfeffer, Salz und Kümmel würzen. Zugedeckt kochen, bis das Fleisch weich ist (ca. 1 Std.).

Dazu passen Salzkartoffeln oder in der Schale gekochte Kartoffeln, die nach dem Abziehen der Schale in etwas Fett angebraten werden.

Paradeiskraut *

Tomaten-Weißkraut-Gemüse

1 Weißkraut (750 g, geputzt gewogen)
Salz
½ l Wasser
750 g Tomaten
2 mittelgroße Zwiebeln
50 g Schmalz oder 4 EL Öl
1 EL Mehl
1 EL Zucker
Pfeffer
250 g Debrecziner Würstel

Kraut halbieren, Strunk ausschneiden, äußere Blätter entfernen. Krauthälften in etwa 1 cm breite Streifen schneiden. In gesalzenem Wasser 20 Min. kochen. Tomaten vierteln, in einen Topf geben und zum Kochen bringen. 5 Min. kochen, anschließend passieren.

Zwiebeln schälen und fein hacken.

Schmalz oder Öl erhitzen, Zwiebeln darin glasig werden lassen. Mehl darüberstäuben und leicht anrösten. Das Kraut samt dem Kochwasser angießen, unter Rühren aufkochen. Die passierten Tomaten untermischen. Mit Zucker, Salz und Pfeffer abschmecken.

Würstel waschen und abtropfen lassen. In das Gemüse geben und noch 5 Min. mitkochen lassen.

Gefüllter Wirsing **

12 große Wirsingblätter
Salz
1 Zwiebel
1 Knoblauchzehe
3 EL Öl
250 g Hackfleisch vom Schwein
1 TL Majoran
Pfeffer
1 Ei
½ l Fleisch- oder Gemüsebrühe
1 TL Speisestärke

Wirsingblätter waschen und in gesalzenem Wasser 10 Min. kochen.

Backofen auf 180° C vorheizen.

Zwiebel und Knoblauch schälen und fein hacken.

Öl in einer Pfanne erhitzen. Zwiebeln und Knoblauch darin glasig werden lassen. Hackfleisch zugeben und unter Rühren anbraten. Mit Majoran, Pfeffer und Salz würzen. Abkühlen lassen und das Ei untermischen.

Wirsingblätter aus dem Kochwasser heben, abtropfen lassen. Jeweils 3 Blätter zusammenlegen, ein Viertel der Füllung darauf verteilen. Wirsingblätter einrollen und mit Küchengarn umwickeln. In eine feuerfeste Form legen. Brühe erhitzen und angießen. Form in den Backofen stellen, Wirsingrollen in 45 Min. garen.

Rollen herausnehmen, Küchengarn entfernen, Rollen warmhalten. Sauce aufkochen und mit der angerührten Speisestärke eindicken. 5 Min. kochen lassen, über die Wirsingrollen gießen und diese mit Pellkartoffeln essen.

GEFÜLLTES KRAUT **

2 kleine Krautköpfe (1 kg)
Salz
50 g Räucherspeck in Scheiben
30 g Schmalz oder Margarine
¾ l Knochen- oder Fleischbrühe
⅛ l Sahne

Für die Füllung:
2 Semmeln
etwas Milch
200 g Hackfleisch vom Schwein
1 Ei
Salz
Pfeffer
1 kleine Zwiebel

Von den geputzten Krautköpfen je eines der äußeren Blätter entfernen. Die Köpfe und die beiden Blätter in gesalzenem Wasser etwa 20 Min. kochen.

Für die Füllung Semmeln in warme Milch einweichen. Ausdrücken und die Semmelmasse mit Hackfleisch und Ei

mischen, mit Salz und Pfeffer würzen. Zwiebel schälen, sehr fein hacken und unter die Füllung rühren.

Backofen auf 200° C vorheizen.

Krautköpfe und -blätter aus dem Kochwasser heben und abtropfen lassen. Von oben aus den Köpfen einen größeren Keil ausschneiden, die Keile sehr fein hacken und das gehackte Kraut ebenfalls unter die Füllung mischen. Füllung in die Köpfe drücken. Speckscheiben darüberlegen und mit jeweils einem der gekochten Blätter abdecken.

Eine feuerfeste Form mit Fett ausstreichen, die Krautköpfe hineinsetzen, Brühe angießen. Die Form schließen oder mit Folie abdecken, die gefüllten Köpfe im Backofen in etwa 1–1½ Std. garen.

Krautköpfe herausheben, Brühe in einen Topf gießen. Mit der Sahne aufkochen, die Sauce zum gefüllten Kraut reichen.

Dazu passen Salzkartoffeln.

Szegediner Gulasch **

Das berühmte Gulasch, das zum Lieblingsgericht der gesamten österreichisch-ungarischen Monarchie wurde, stammt gar nicht aus der ungarischen Stadt Szeged, sondern ist nach dem Volksstamm der Székler benannt; in Ungarn heißt es székely gulyás. Doch der auf einem Mißverständnis beruhende Name Szegediner Gulasch ist in Österreich nicht mehr auszurotten.

250 g Schweinsschulter
2 große Zwiebeln
3 EL Öl
1 EL edelsüßes Paprikapulver
1 TL rosenscharfes Paprikapulver
Salz
500 g Sauerkraut
250 g Bauchfleisch vom Schwein
1 TL Kümmel
¼ l Sauerrahm

Schweinsschulter in kleine Würfel schneiden. Zwiebeln schälen und fein hacken. Öl in einer Pfanne erhitzen, Zwiebeln darin glasig werden lassen. Fleischwürfel zugeben, rundherum anbraten. Edelsüßes und scharfes Paprikapulver unterrühren und sofort so viel Wasser angießen, daß das Fleisch bedeckt ist. Salzen und in etwa 1 Std. garen.

Inzwischen Sauerkraut mit etwas Wasser zum Kochen bringen. Bauchfleisch in Scheiben schneiden, zum Sauerkraut geben. Mit Kümmel und Salz würzen. Ebenfalls etwa 1 Std. kochen.

Das fertige Schweinsgulasch zum Sauerkraut geben, zusammen noch eine Viertelstunde kochen. Den Sauerrahm unterrühren.

ERDÄPFELSCHMARREN *

Kartoffelschmarren

1 kg Kartoffeln (festkochend)
1 mittelgroße Zwiebel
1 Knoblauchzehe
40 g Schmalz
1 TL Kümmel
½ TL Thymian
2 Eier
Salz, Pfeffer

Kartoffeln in der Schale in 20 Min. garen, abziehen und abkühlen lassen.

Zwiebel und Knoblauch schälen und fein hacken.

Schmalz in einer Pfanne erhitzen, Zwiebeln und Knoblauch darin glasig werden lassen. Kümmel und Thymian zufügen.

Kartoffeln in dünne Scheiben schneiden, in die Pfanne geben und knusprig braun werden lassen.

Eier mit Salz und Pfeffer aufschlagen. Über die gebratenen Kartoffelscheiben gießen und stocken lassen.

Erdäpfellaibchen *

Kartoffelplätzchen

4 große gekochte Pellkartoffeln
1 Ei
2 EL Mehl
Salz, Pfeffer
1 Bund Petersilie
150 g gekochte Wurst oder Würstel
1 kleine Zwiebel
etwas abgeriebene Muskatnuß
Schmalz oder Margarine zum Braten
50 g Semmelbröseln

Kartoffeln abziehen, fein zerstampfen oder durchdrücken. Mit Ei, Mehl, Salz und Pfeffer zu einem Teig mischen.

Petersilie waschen, trockentupfen, fein hacken und untermischen.

Wurst oder Würstel in sehr kleine Würfel schneiden. Zwiebel schälen, ganz fein hacken und zusammen mit der Wurst und etwas Muskat zum Teig geben. Alles gut verkneten.

Fett in einer Pfanne erhitzen. Mit nassen Händen kleine Laibchen formen, diese in Semmelbröseln wälzen, mit beiden Händen andrücken und die Laibchen auf beiden Seiten im heißen Fett knusprig braun braten.

Dazu gibt es gekochtes Gemüse oder Salat.

Wiener Erdäpfelomelette mit Sauerrahm *

Kartoffelomelette mit saurer Sahne

2 große Zwiebeln
30 g Butter
300 g gekochte Pellkartoffeln
3 Eier
2 EL Mehl
Salz
⅛ l Milch
30 g Schmalz
¼ l Sauerrahm
1 Bund Schnittlauch
20 g Reibkäse

Zwiebeln schälen, in Ringe schneiden. Butter erhitzen, Zwiebelringe darin weich werden lassen.

Backofen auf 220° C vorheizen.

Gekochte Kartoffeln abziehen und reiben. Mit 2 Eiern, Mehl, Salz und Milch gut verrühren.

Etwas Schmalz in einer Pfanne erhitzen, kleine Omeletten backen (vorsichtig wenden, damit sie nicht zerfallen!).

Sauerrahm und das übrige Ei verrühren. Etwas von der Mischung auf jedes Omelette streichen, gedünstete Zwiebeln darüberstreuen. Auf einer feuerfesten Platte die Omeletten aufeinanderschichten. Mit Reibkäse bestreuen und im Backofen kurz überbacken. Schnittlauch waschen, trockentupfen, in Röllchen schneiden und über die Omeletten streuen. Mit grünem Salat servieren.

Schwammerl-Erdäpfel *

Pilz-Kartoffeln

500 g Kartoffeln
750 g Mischpilze (z.B. Butterpilze, Champignons, Maronen)
1 große Zwiebel
1 Bund Petersilie
50 g Schmalz oder Margarine
Pfeffer
Salz
1 TL Kümmel
1 Ei

Kartoffeln waschen und in der Schale 20 Min. kochen.

Pilze putzen, waschen und in Scheiben schneiden. Zwiebel schälen und fein hacken. Petersilie waschen, abtropfen lassen, fein hacken.

Fett in einer Pfanne erhitzen. Zwiebeln darin glasig werden lassen. Pilze zugeben und so lange braten, bis die Pilzflüssigkeit eingekocht ist.

Petersilie zugeben, mit Pfeffer, Salz und Kümmel würzen.

Von den Kartoffeln die Schalen abziehen, Kartoffeln in dünne Scheiben schneiden. Zu den Pilzen in die Pfanne geben und 5 Min. mitrösten. Ei verquirlen und unter die Schwammerl-Erdäpfel rühren.

Wirsingauflauf mit Erdäpfeln

*

1 Wirsing (ca. 800 g)
5 mittelgroße Kartoffeln
50 g Butter oder Margarine
2 EL Mehl
⅛ l Kochbrühe vom Wirsing
⅛ l Gemüsebrühe
⅛ l Milch
1 TL Majoran
1 EL Kapern
1 Eigelb
2 EL Semmelbrösel

Wirsing putzen und in Achtel schneiden, dabei die dicken Strünke entfernen. Die Achtel in gesalzenem Wasser 20 Min. kochen. Kartoffeln waschen, in der Schale 20 Min. kochen.

Backofen auf 200° C vorheizen.

40 g Butter oder Margarine erhitzen, Mehl darin leicht anbräunen, mit Brühe und Milch aufgießen. 10 Min. kochen lassen. Mit Salz, Majoran und Kapern würzen. Vom Herd nehmen und das Eigelb unterrühren.

Wirsingachtel aus dem Kochwasser nehmen und abtropfen lassen. Kochwasser in die Sauce rühren. Kartoffeln schälen und in Scheiben schneiden.

Eine Auflaufform mit der restlichen Butter ausstreichen, Wirsingachtel hineinsetzen, darauf die Kartoffelscheiben verteilen. Die Sauce darübergießen, mit Semmelbröseln bestreuen. Im Backofen 15 Min. überbacken.

ERDÄPFEL-KARFIOL-AUFLAUF *

Kartoffel-Blumenkohl-Auflauf

500 g Kartoffeln
1 großer Blumenkohl (Karfiol)
Salz
4 Eier
¼ l Sauerrahm
1 Bund Petersilie
40 g Butter oder Margarine
2 EL geriebener Emmentalerkäse
2 EL Semmelbrösel

Kartoffeln waschen und in der Schale 20 Min. kochen.

Blumenkohl in kleine Röschen teilen, in gesalzenem Wasser 15 Min. kochen.

2 Eier hart kochen. 2 Eier mit Sauerrahm aufschlagen. Petersilie waschen, trockentupfen, fein hacken und darunterrühren.

Backofen auf 200° C vorheizen.

Kartoffeln abziehen und in Scheiben schneiden. Blumenkohl auf ein Sieb gießen und abtropfen lassen. Gekochte Eier schälen und in dünne Scheiben schneiden. Mit der Hälfte der Butter oder Margarine eine feuerfeste Form ausstreichen. Zuerst Kartoffelscheiben, dann Blumenkohlröschen und Eier in die Form schichten, darüber etwas von der Rahm-Eier-Mischung und vom geriebenen Käse. Als nächstes wieder eine Schicht Kartoffeln, Blumenkohl usw., bis alle Zutaten verbraucht sind. Obenauf Semmelbrösel streuen und die restliche Butter in kleinen Flocken darauf verteilen.

Die Form in den heißen Backofen schieben und den Auflauf 20 Min. überbacken.

Franz Xaver Pichler

Winzer in Oberloiben/Wachau (einer der Spitzenstars unter Österreichs Weinmachern und ein Seriensieger)
Jahrgang 1941
Geboren in Oberloiben/Wachau

Wenn Sie zwei Wochen lang jeden Tag das gleiche essen müßten, wofür würden Sie sich entscheiden?
Für gefüllte Paprika mit Paradeis(Tomaten)-Sauce.

Auf welchen kulinarischen Luxus können Sie mühelos verzichten?
Auf Austern.

Was war Ihre Leibspeise in der Kindheit?
Marillenkompott mit Kaiserschmarrn.

Was sind die drei Grundbestandteile der ursprünglichen österreichischen Küche?
Knödel, Saucen und ausgelöste Teile vom Huhn (Backhuhn).

Hätten Sie nur eine ganz schmale Rente: Wovon würden Sie sich vor allem ernähren?
Von Kartoffeln mit Butter.

Sinnlose Verschwendung: Woran denken Sie da im Bereich Essen und Trinken?
An Champagner und Scampi.

Welches ist für Sie das beste klassische Gericht Ihrer Heimat?
Wachauer Palatschinke (mit Marillenmarmelade gefüllt, mit Schokolade und Haselnüssen und Schlagobers) und Marillenknödel.

Was ist der schlimmste gastronomische Brauch des 20. Jahrhunderts?
Asiatischer Eintopf in der österreichischen Küche.

Bei welchem Essensduft werden Sie schwach?
Senfsauce.

Sie bereiten ein Liebesmenü für zwei, das sich auch ein Student oder Lehrling leisten könnte. Was gibt es zu essen, was gibt es zu trinken?
Pasta asciutta und Rotwein von Tibor Szemes/Mittelburgenland.

Welches österreichische Gericht ist zu Unrecht vergessen?
Gefüllte Paprika mit Tomatensauce.

Wenn Sie in Österreich authentisch, einfach, gut und preiswert essen wollen. Wo gehen Sie hin?
Ins Restaurant Knoll in Unterloiben.

ÜBERKRUSTETER KARFIOL *

Blumenkohl überbacken

1 Blumenkohl
Salz
30 g Butter
2 EL Mehl
⅛ l Kochflüssigkeit
⅛ l Milch
1 Eidotter
etwas Zitronensaft
Salz
20 g geriebener Emmentalerkäse

Vom Blumenkohl den dicken Strunk abschneiden. Das Gemüse für eine halbe Stunde in kaltes Salzwasser legen. Herausnehmen und abtropfen lassen.

Gesalzenes Wasser zum Kochen bringen, den Karfiol darin 30 Min. kochen lassen.

Backofen auf 220° C vorheizen.

Inzwischen Butter in einem Topf erhitzen, Mehl einrühren und kurz Farbe nehmen lassen. Mit Kochflüssigkeit aufgießen. Milch zugeben und mit dem Schneebesen kräftig aufschlagen. Sauce 7 Min. kochen lassen.

Vom Herd nehmen, Eidotter, Zitronensaft und Salz zugeben, alles gut verrühren.

Karfiol aus dem Kochwasser heben, abtropfen lassen, auf eine feuerfeste Platte setzen. Sauce darübergießen. Mit geriebenem Käse bestreuen und im Backofen 10 Min. überbacken.

Gemüseschnitzel **

2 Semmeln
⅛ l Milch
200 g Wild- oder Zuchtpilze
1 große Zwiebel
250 g Karotten
250 g Spinat
50 g Schmalz
Salz
Pfeffer
Thymian
2 EL Semmelbrösel

Semmeln in Milch einweichen. Pilze putzen, kurz waschen und in kleine Stücke hacken. Zwiebel schälen und fein hacken. Karotten schälen und auf der groben Reibe hobeln. Spinat verlesen und in etwas kochendem Wasser 2 Min. kochen, auf ein Sieb geben und abtropfen lassen.

20 g Fett in einem Topf erhitzen, Zwiebeln darin glasig werden lassen, Pilze und Karotten mitbraten. Spinat ausdrücken, grob hacken und ebenfalls zugeben. Gemüse 10 Min. weitergaren, mit Salz, Pfeffer und Thymian würzen. Etwas abkühlen lassen.

Eingeweichte Semmeln gut ausdrücken.

Gegartes Gemüse und Semmeln durch den Fleischwolf drehen. Die Masse zu kleinen flachen Laibchen formen. In Semmelbröseln wälzen, die gut angedrückt werden.

Restliches Fett in einer Pfanne erhitzen. Laibchen darin von beiden Seiten knusprig braun werden lassen.

Paradeisfisolen *

Bohnengemüse mit Tomaten

Paradeiser nennt man in Wien und Umgebung die Tomaten, grüne Bohnen heißen Fisolen.

500 g grüne Bohnen (Stangenbohnen)
Salz
500 g Tomaten
1 große Zwiebel
1 Knoblauchzehe
30 g Räucherspeck
20 g Butter
Pfeffer

Fisolen waschen, abfädeln und in 1 cm lange Stücke schneiden. In wenig gesalzenem Wasser 20 Min. kochen.

Paradeiser einritzen, mit kochendem Wasser übergießen, die Haut abziehen. Grüne Stielansätze ausschneiden. Tomaten in kleine Stücke schneiden.

Zwiebel und Knoblauchzehe schälen und fein hacken. Räucherspeck in sehr kleine Würfel schneiden.

Butter in einem Topf erhitzen, Speckwürfel darin anbraten, Zwiebeln und Knoblauch zugeben und mitbraten. Paradeiserstücke zugeben, mit Salz und Pfeffer würzen. Das Ganze 10 Min. dünsten. Fisolen auf ein Sieb gießen und abtropfen lassen. Unter die Paradeisersauce mischen. Nochmals würzig abschmecken.

Mit Röstkartoffeln schmeckt das einfache und schnelle Gemüsegericht am besten.

Ödenburger Schwammerlgulasch *

Pilzgulasch Ödenburger Art

Als Ödenburg noch vorwiegend österreichisch war, da wurden in der heute ungarischen Stadt noch mit Vorliebe Gerichte gekocht, die gleichsam eine Melange aus städtischer Wiener und ländlicher Umlandküche waren, aber doch auch einen Hauch von Paprikawürze hatten. Das Schwammerlgulasch ist ein Beispiel dafür.

500 g Wildpilze (z.B. Täublinge, Steinpilze, Rotfußröhrlinge, Pfifferlinge)
2 Zwiebeln
50 g Schweineschmalz
2 TL edelsüßes Paprikapulver
1 EL Mehl
¼ l Fleischbrühe
Salz
¼ l Sauerrahm
1 Bund Petersilie

Pilze putzen, waschen, abtropfen lassen, in nicht zu kleine Stücke schneiden. Zwiebeln schälen und fein hacken.

Schmalz in einem Topf erhitzen, Zwiebeln darin glasig werden lassen, Pilze zugeben und so lange braten, bis die austretende Flüssigkeit eingekocht ist.

Paprikapulver und Mehl über die Pilze streuen, gut verrühren und die Brühe angießen. Umrühren und das Gulasch 15 Min. kochen lassen.

Mit Salz abschmecken. Sauerrahm einrühren.

Petersilie waschen, abtropfen lassen und fein hacken. Pilze in eine Schüssel geben und mit Petersilie bestreuen.

Semmelknödel schmecken am besten dazu.

Gebackene Kürbisscheiben *

Fliegende Untertasse oder Squash wird eine Kürbisform genannt, die sich im Burgenland und in Wien großer Beliebtheit erfreut und sogar als Wiener-Schnitzel-Ersatz Verwendung findet.

1 Fliegende Untertasse
Salz
Pfeffer
125 g Mehl
2 Eier
125 g Semmelbrösel
Fett zum Ausbacken oder Fritieren

Kürbis halbieren und in Scheiben schneiden. Die Scheiben schälen und die Kerne entfernen. Das feste Kürbisfleisch mit Salz und Pfeffer bestreuen, 15 Min. stehen lassen.

Die Kürbisscheiben zuerst in Mehl, dann in den aufgeschlagenen Eiern, zum Schluß in Semmelbröseln wälzen. Die Panade zwischen den Handflächen fest andrücken.

Reichlich Fett in einer Pfanne erhitzen, die Kürbisscheiben darin auf beiden Seiten goldgelb werden lassen.

Herausnehmen und auf einem Siebeinsatz abtropfen lassen. Kürbisscheiben schmecken gut mit einer Tatarensauce mit reichlich frischen Kräutern, vor allem Dill. Dazu ißt man frisches Brot.

Nudelteig für Bandnudeln, Fleckerln, feine Suppennudeln **

500 g Weizenmehl
3 Eier, Salz
lauwarmes Wasser
1 EL Öl

Mehl auf das Nudelbrett oder die Arbeitsplatte sieben, in der Mitte eine Vertiefung machen. Eier und Salz zugeben. Mit etwas Wasser zu einem festen Teig verkneten. Den Teigklumpen in 4 Stücke schneiden. Jedes einzelne Stück so lange durcharbeiten, bis es ganz glatt ist.

Teigstücke dünn mit Öl bepinseln, 30 Min. ruhen lassen.

Jedes Teigstück auf dem bemehlten Brett messerrückendick ausrollen.

Bandnudeln: Teigplatte mit scharfem Messer in 1 cm breite Streifen schneiden. Sie werden in gesalzenem Wasser 5 Min. gekocht.

Fleckerln: Teigplatte mit scharfem Messer in 1 cm breite Streifen und diese quer in Quadrate schneiden. In gesalzenem Wasser 5 Min. kochen.

Feine Suppennudeln: Teigplatte mit scharfem Messer in millimeterdünne Nudeln schneiden. Mit bemehlten Fingern etwas auflockern. In einer Rindfleisch- oder Knochensuppe 1 Min. mitkochen lassen.

Wer Nudeln auf Vorrat zubereiten will, läßt sie nach dem Schneiden auf dem bemehlten Brett liegen, lockert hin und wieder mit den Fingern auf und trocknet sie über Nacht.

Topfenhaluska *

Quarknudeln

Aus Böhmen hat die österreichische Küche ebenso viele Anregungen erhalten wie aus Ungarn. Besonders im Waldviertel sind Topfenfleckerln beliebt.

300 g Fleckerln (Rezept S. 105 oder fertig gekauft)
Salz
125 g Räucherspeck
20 g Butter
200 g trockener, bröckeliger Quark (Topfen)
Pfeffer
100 ml Sauerrahm

Fleckerln in gesalzenem Wasser kochen und auf ein Sieb gießen, kalt abspülen, abtropfen lassen. Räucherspeck in kleine Würfel schneiden und auslassen.

Butter in einem Topf erhitzen, abgetropfte Fleckerln darin unter Wenden heiß werden lassen. Topfen untermischen. Mit Salz und Pfeffer würzen.

Fleckerln auf den Tellern verteilen, Speckwürfel und etwas Speckfett daraufgeben und zum Schluß jeweils einen Teelöffel Sauerrahm obenauf setzen.

Beuscherlnudeln *

Nudeln mit Lungenhaschee

Lunge oder Beuscherl gehörte immer schon zu den preiswertesten Innereien. Man kann daraus für wenig Geld wohlschmeckende Fleischgerichte auf den Tisch bringen.

500 g Lunge vom Kalb oder Schwein
Salz
Essig
Lorbeerblatt
300 g Bandnudeln (Rezept S. 105 oder fertig gekauft)
1 große Zwiebel
1 Knoblauchzehe
30 g Schmalz
½ TL Majoran
Pfeffer
1 EL Mehl
¼ l Wasser oder Brühe

Lunge in Salzwasser, dem etwas Essig und ein Lorbeerblatt zugesetzt sind, weichkochen (etwa 1 Stunde). Herausnehmen, kalt abschrecken und so fein wie möglich schneiden oder durch den Fleischwolf drehen.

Bandnudeln in kochendem Salzwasser bißfest kochen und abgießen.

Zwiebel und Knoblauch schälen und fein hacken.

Schmalz erhitzen, Zwiebeln und Knoblauch darin leicht bräunen, Lunge daruntermischen, mit Majoran, Pfeffer und Salz würzen. Alles gut anbraten. Mehl darüberstreuen und unter Rühren leicht mitrösten. Wasser oder Brühe angießen und die Sauce 10 Minuten kochen. Abschmecken und gekochte Nudeln mit dem Beuscherl vermischen.

KRAUTFLECKERLN *

Nudeln mit Weißkohl

1 Weißkraut (800 g)
Salz
1 große Zwiebel
80 g Schmalz
1 TL Zucker
1 TL Majoran
Pfeffer
300 g Fleckerln (Rezept S. 105 oder fertig gekauft)

Weißkraut putzen, halbieren, Strunk ausschneiden. Das Kraut waschen und sehr fein schneiden. Mit Salz bestreut 15 Min. stehen lassen.

Zwiebel schälen und fein hacken.

Schmalz erhitzen, Zwiebeln darin glasig werden lassen; Kraut und Zucker zugeben, das Kraut unter häufigem Umrühren bei schwacher Hitze hellbraun anbraten. Mit Majoran und reichlich Pfeffer würzen. In etwa 20 Min. garen.

Fleckerln in Salzwasser bißfest kochen, auf ein Sieb gießen, mit kaltem Wasser abschrecken und abtropfen lassen.

Fleckerln unter das fertig gedünstete Kraut mischen, mit Salz abschmecken.

In manchen Regionen des Burgenlandes und Niederösterreichs gibt man statt Majoran Kümmel an die Krautfleckerln oder bereitet sie statt mit Schmalz mit Butter oder mit ausgelassenem Speck zu.

Schinkenfleckerln überbacken *

250 g Fleckerln (Rezept S. 105 oder fertig gekauft)
Salz
200 g gekochtes Kasseler (Surfleisch) oder Reste von gekochtem Schinken
2 Eier
⅛ l Sauerrahm
1 Bund Schnittlauch
abgeriebene Muskatnuß
Pfeffer
40 g Butter

Fleckerln in gesalzenem Wasser bißfest kochen und auf ein Sieb gießen, mit kaltem Wasser abschrecken und abtropfen lassen.

Backofen auf 200 ° C vorheizen.

Fleisch in sehr kleine Würfel schneiden.

Eier mit Sauerrahm verrühren. Schnittlauch waschen, trockentupfen und in Röllchen schneiden. Mit den

Fleischwürfeln unter die Eimasse mischen. Mit Muskat und Pfeffer würzen. Nach Geschmack salzen. Fleckerln zufügen, und alles gut mischen.

Eine Auflaufform mit 20 g Butter ausstreichen, die Masse einfüllen, restliche Butter in kleinen Flocken daraufsetzen.

Im heißen Backofen 30–40 Min. backen.

Mit viel grünem Salat anrichten.

Grenadiermarsch *

Preiswert und deftig war offenbar die Alltagskost der Grenadiere in der österreichisch-ungarischen Armee. Die Qualität des Grenadiermarsches bemaß sich früher nach der Fettmenge. Wenn das Gericht »staubte«, hatte der Koch mit Schmalz gespart.

500 g Kartoffeln
Salz
300 g Nudeln oder Fleckerln (Rezept S. 105 oder fertig gekauft)
2 große Zwiebeln
2 Knoblauchzehen
80 g Schmalz
1 EL edelsüßes Paprikapulver
1 TL getrockneter Thymian
1 Bund Petersilie

Kartoffeln schälen, in Stücke schneiden und in Salzwasser kochen. Nudeln oder Fleckerln in gesalzenem Wasser garen. Kartoffeln abgießen. Nudeln ebenfalls abgießen, mit kaltem Wasser abschrecken und auf einem Sieb abtropfen lassen.

Zwiebeln und Knoblauch schälen und fein hacken.

Schmalz in einer Pfanne erhitzen, Zwiebeln und Knoblauch darin glasig werden lassen. Kartoffelstücke zugeben und mit einer Gabel zerdrücken. Mit Paprikapulver und Thymian würzen. Zerdrückte Kartoffeln gut rösten.

Fleckerln oder Nudeln untermischen. Petersilie waschen, abtropfen lassen und fein hacken. Unter den Grenadiermarsch mischen. Gurken- oder Krautsalat paßt dazu.

Kärntner Surfleischnudeln ***

Pökelfleischtaschen

400 g Kasseler oder Pökelfleisch (Surfleisch)
1 Zwiebel
20 g Schmalz
Pfeffer
1 Bund Schnittlauch
Nudelteig (halbe Menge des Rezepts S. 114)
1 EL Semmelbrösel
1 Ei
Salz
Butter zum Zerlassen

Surfleisch in ganz kleine Würfel schneiden. Zwiebel schälen und fein hacken.

Fett erhitzen, Zwiebeln darin glasig werden lassen, Fleischwürfel zugeben. 10 Min. braten. Mit Pfeffer würzen. Masse abkühlen lassen.

Ei und Semmelbrösel unter das Fleisch rühren.

Nudelteig auf einem Backbrett oder der Arbeitsplatte ausrollen. Auf die Hälfte der Teigfläche im Abstand von etwa 5 cm je einen reichlichen Teelöffel von der Füllung setzen. Die andere Teighälfte darüberklappen. Um die Füllung jeweils den Teig in Halbkreisform zusammendrücken und dann Taschen ausschneiden oder ausradeln. Ränder nochmals fest zusammendrücken (damit sie sich beim Kochen nicht öffnen).

Die halbmondförmigen gefüllten Nudeln dann in gesalzenem Wasser 10–12 Min. kochen.

Herausheben, abtropfen lassen und mit zerlassener Butter essen.

Tiroler Spinatspatzen **

250 g Spinat
350 g Mehl
2 Eier
Salz
etwa 1/4 l lauwarmes Wasser
50 g Butter
120 g Bergkäse

Spinat verlesen, waschen und mit wenig Wasser aufkochen, bis er zusammenfällt. Sehr fein hacken oder durch den Fleischwolf drehen.

Aus Mehl, Eiern, Salz und lauwarmem Wasser einen nicht zu festen Teig schlagen, der Blasen wirft. Den gehackten Spinat untermischen.

Reichlich Wasser mit etwas Salz in einem Topf zum Kochen bringen. Teig durch das Spatzensieb ins kochende Wasser drücken. Wasser mehr ziehen als kochen lassen. Die Spatzen, sobald sie nach oben steigen, auf ein Sieb gießen, kaltes Wasser darüberlaufen und abtropfen lassen.

Butter zerlassen, Spatzen darin aufwärmen. Bergkäse reiben und über die Spatzen streuen. Mit einer großen Schüssel Salat anrichten.

Schlutzkrapfen ***

Außer der beschriebenen Spinatfüllung bereitet man in manchen Tiroler Tälern für die Schlutzkrapfen (von schlutzen, schlüpfen) auch Füllungen aus Fleischresten oder Kartoffeln oder Sauerkraut.

200 g Weizenmehl
200 g Roggenmehl
1 Ei
Salz
2 EL Öl
lauwarmes Wasser

Füllung:
500 g Spinat
1 kleine Zwiebel
30 g Butter
1 EL Semmelbrösel
1 TL Mehl
zerlassene Butter
100 g geriebener Bergkäse

Aus zweierlei Mehl, Ei, Salz, Öl und etwas Wasser einen nicht zu festen Nudelteig kneten. Für die Füllung Spinat verlesen und waschen, in wenig Wasser aufkochen lassen. Sobald er zusammenfällt, auf ein Sieb gießen, abtropfen lassen und fein hacken.

Zwiebel schälen und fein hacken.

Butter erhitzen, Zwiebel darin glasig werden lassen. Semmelbrösel und Mehl darin leicht anrösten. Spinat zugeben und kurz mitdünsten. Füllung mit Pfeffer und Salz würzen.

Nudelteig dünn ausrollen, mit einem Glas runde Teigblätter (5 cm Durchmesser) ausstechen, auf jedes einen Löffel Füllung geben, zusammenklappen und die Ränder fest zudrücken.

In einem großen Topf gesalzenes Wasser zum Kochen bringen, die Schlutzkrapfen hineingeben. Bei schwacher Hitze so lange kochen, bis die Krapfen nach oben steigen.

Herausheben und abtropfen lassen.

Mit zerlassener Butter beträufeln und mit Käse bestreuen.

Strudelteig für ausgezogene Strudel ***

Wenn ein Strudel nicht optimal gelingt – und das passiert selbst erfahrenen Strudelbäckerinnen gelegentlich –, kann dies mehrere Ursachen haben. Vielleicht war die Küche zu kalt, das Mehl zu griffig oder die Teigkonsistenz nicht ganz perfekt. Man sollte sich nicht entmutigen lassen und weiterprobieren. Es ist praktisch, gleich die doppelte Strudelteigmenge zu bereiten und Strudel mit zweierlei Füllungen zu backen.

250 g glattes Weizenmehl
½ TL Salz
5 EL Öl oder zerlassenes Schmalz
8 EL lauwarmes Wasser
Mehl für Brett und Strudeltuch
Fett für die Backform oder das Blech
zerlassene Butter

Mehl auf das Nudelbrett oder die Arbeitsplatte sieben, Salz, Öl und so viel lauwarmes Wasser zugeben, daß ein glatter, glänzender Teig entsteht. Gut durchkneten.

Etwas Mehl auf das Nudelbrett stäuben, den Teig darauflegen, mit Mehl bestreuen und mit einer erwärmten Schüssel oder einem Tuch abdecken. Etwa 30 Min. ruhen lassen.

Tisch mit einem großen Tuch (Strudeltuch) abdecken und dieses mit Mehl bestäuben. Strudelteig in die Mitte legen und mit dem bemehlten Nudelwalker (Teigrolle) etwas ausrollen. Umdrehen und den Teig mit Öl bestreichen. Die Teigplatte mit beiden Händen, die immer wieder mit Mehl bestäubt werden, von der Mitte aus vorsichtig ausziehen. Der Teig soll am Ende so dünn sein, daß man durchsehen kann. Die dicken Teigränder werden mit scharfem Messer abgeschnitten (man kann daraus kleine Nockerl zupfen, die gut als Einlage in Gemüsesuppen schmecken).

Backofen auf 200° C vorheizen.

Die Füllung auf zwei Drittel des ausgezogenen Strudels verteilen. Teig an beiden Seiten etwas nach innen klappen. Den Strudel durch Hochheben des Strudeltuchs von der belegten Seite her aufrollen. Das Backblech oder die Backform einfetten und den Strudel daraufgleiten lassen. Mit zerlassener Butter bestreichen und etwa 30 Min. backen.

Burgenländer Bohnenstrudel ***

Füllung:
300 g weiße Bohnen
Pfeffer
Salz
1 TL Majoran
1 EL Grieß
⅜ l Sauerrahm

Strudelteig von 250 g Mehl (Rezept S. 115)
zerlassene Butter oder Schmalz für das Backblech und zum Bestreichen des Strudels

Bohnen waschen und über Nacht einweichen.

Am nächsten Tag im Einweichwasser weichkochen. Mit scharfem Messer fein hacken oder durch den Fleischwolf drehen. Bohnenmasse mit reichlich Pfeffer, Salz und Majoran würzen; mit Grieß und Sauerrahm mischen.

Backofen auf 200° C vorheizen.

Strudelteig hauchdünn ausziehen, die Füllung auf zwei Drittel des Teigs verstreichen. Strudel an den Seiten etwas einklappen und mit Hilfe des Strudeltuchs aufrollen.

Backblech oder Bratform mit zerlassener Butter oder Schmalz bestreichen, den Strudel daraufrollen. Mit Fett bestreichen.

Strudel in etwa 30 Min. knusprig goldgelb backen. In 3–4 cm breite Streifen schneiden und mit Salat essen.

Strudel mit Schwammerlfüllung ***

Füllung:
500 g gemischte Waldpilze
1 große Zwiebel
30 g Schmalz oder Margarine
Strudelteig von 250 g Mehl *(s. S. 115)*
Mehl für das Strudeltuch
250 g Sauerrahm
1 EL Grieß
Pfeffer
Salz
Fett für Backblech oder Form
zerlassene Butter

Pilze putzen, waschen und grob hacken. Zwiebel schälen und fein hacken.

Fett in einer Pfanne erhitzen, Zwiebel darin glasig werden lassen. Pilze zugeben und so lange unter Rühren braten, bis die austretende Pilzflüssigkeit eingekocht ist.

Backofen auf 200° C vorheizen.

Strudelteig auf dem bemehlten Strudeltuch hauchdünn ausziehen. Sauerrahm darauf verstreichen. Grieß auf den Rahm streuen, die gebratenen Pilze darauf verteilen. Mit Pfeffer und Salz würzen. Strudelteig an den Seiten etwas einklappen, mit Hilfe des Strudeltuchs aufrollen, auf das gefettete Backblech oder in die Bratform gleiten lassen und mit zerlassener Butter bestreichen. In etwa 30 Min. goldgelb backen.

Krautstrudel ***

Füllung:
1 kleines Weißkraut (500–600 g)
1 Zwiebel
60 g Räucherspeck
60 g Schmalz
1 Prise Zucker
Salz
Pfeffer
1 TL Kümmel
Strudelteig von 250 g Mehl (s. S. 115)
Mehl für das Strudeltuch
Fett für das Backblech oder die Bratform und zum Bestreichen

Weißkraut halbieren, Strunk ausschneiden, die Hälften waschen und in feine Streifen schneiden. Zwiebel schälen und fein hacken. Speck in kleine Würfel schneiden.

30 g Schmalz in einem Topf erhitzen, die Speckwürfel darin ausbraten, Zwiebeln zufügen und leicht anbraten. Weißkraut untermischen. Zucker, Salz, Pfeffer und Kümmel zugeben und das Weißkraut in 20 Min. weich dünsten. Wenn nötig, 2–3 Eßlöffel Wasser zugeben.

Backofen auf 200° C vorheizen.

Strudelteig auf dem bemehlten Strudeltuch ausziehen. Das gedünstete Weißkraut darauf verteilen. Nochmals pfeffern. Restliches Schmalz erhitzen und auf das Kraut träufeln. Strudel an beiden Seiten etwas einklappen, mit Hilfe des Strudeltuchs aufrollen und auf das gefettete Backblech gleiten lassen. Mit etwas zerlassenem Schmalz beträufeln. Strudel etwa 30 Min. backen.

Böhmische Semmelknödel **

400 g Mehl
Salz
3 Eier
etwa ¼ l Milch
3 Semmeln vom Vortag
50 g Schmalz oder Margarine
1 Bund Petersilie

Aus Mehl, Salz, Eiern und Milch einen glatten, nicht zu flüssigen Teig schlagen, der Blasen werfen soll. Semmeln in kleine Würfel schneiden und im erhitzten Schmalz knusprig goldbraun werden lassen.

Reichlich Wasser mit etwas Salz zum Kochen bringen.

Petersilie waschen und fein hacken. Zusammen mit den gerösteten Semmelwürfeln unter den Teig mischen. Mit nassen Händen 4 schöne runde Knödel formen und in das kochende Salzwasser einlegen. Etwa 20 Min. mehr ziehen als kochen lassen.

Garprobe machen, indem man einen Knödel herausnimmt und halbiert.

Die fertigen Knödel herausheben, abtropfen lassen und in dicke Scheiben schneiden.

Böhmische Knödel sind eine herzhafte Beilage zum Schweinsbraten, passen aber auch gut zu Sauerkraut oder Rotkraut. Man kann sie sogar als Hauptgericht mit in Butter gerösteten Semmelbröseln essen.

Kartoffelknödel aus dem Waldviertel **

1 kg Kartoffeln
30 g Schmalz
1 Ei
Salz
2 EL Mehl

250 g Kartoffeln am Vortag in der Schale kochen und abziehen.

Am nächsten Tag die gekochten Kartoffeln fein reiben oder durchdrücken. Die übrigen Kartoffeln schälen, roh reiben und auf ein Sieb geben. Das Kartoffelwasser auffangen.

Gekochte und roh geriebene Kartoffeln mischen, mit Schmalz, Ei, Salz und Mehl zu einem Teig verrühren. Das Kartoffelwasser abgießen, die zurückbleibende Stärke unter den Teig mischen.

Reichlich Wasser in einem Topf erhitzen, Salz zugeben. Aus dem Teig mit nassen Händen Knödel formen und diese ins kochende Wasser einlegen. Etwa 20 Min. mehr ziehen als kochen lassen. Knödel aus dem Wasser heben.

Kartoffelknödel schmecken zum Schweinsbraten, aber auch mit in Butter knusprig goldbraun gebratenen Zwiebeln.

Tiroler Kasknödel **

250 g Knödelbrot (in kleine Würfel geschnittene altbackene Semmeln oder kleingeschnittenes Graubrot)
1 kleine Zwiebel
1 Bund Petersilie
50 g Butter oder Schmalz
1 Ei
1 EL Mehl
Salz
Pfeffer
80 g Bergkäse
etwas Milch

Knödelbrot in eine Schüssel geben.

Zwiebel schälen und fein hacken, Petersilie waschen, abtropfen lassen und hacken.

Fett erhitzen, Zwiebeln darin glasig werden lassen, Petersilie kurz mitbraten. Beides zum Knödelbrot geben. Ei, Mehl, Salz und Pfeffer zugeben.

Käse reiben, unter die Teigzutaten mischen und so viel lauwarme Milch (etwa 1 Tasse) angießen, daß ein fester Knödelteig entsteht. 10 Min. ruhen lassen. Den Teig noch einmal durcharbeiten. Ist er zu flüssig, noch etwas Mehl zugeben.

Reichlich Wasser in einem Topf erhitzen und salzen. Knödel formen und ins kochende Wasser einlegen. Bei schwacher Hitze 12–15 Min. ziehen lassen.

Serviettenknödel ***

Serviettenknödel stammen eigentlich aus Böhmen. Es gibt von der beliebten Spezialität verschiedene Varianten.

5 Semmeln vom Vortag
etwa ⅛ l Milch
2 Eier, Salz
etwas abgeriebene Muskatnuß
1 Bund Petersilie
50 g Butter oder Margarine
1–2 TL Mehl

Semmeln in kleine Würfel schneiden, in eine Schüssel geben. Milch und Eier mit Salz und Muskat verrühren und über die Semmeln gießen. 10 Min. durchziehen lassen.

Petersilie waschen, abtropfen lassen und fein hacken.

20 g Fett erhitzen, Petersilie darin kurz anschwitzen und zum Knödelteig geben. So viel Mehl zufügen, daß ein fester Knödelteig entsteht. In einem großen Topf reichlich Wasser zum Kochen bringen und salzen.

Eine Serviette anfeuchten und mit dem restlichen Fett bestreichen. Aus dem Knödelteig eine Rolle formen, diese in die Serviette einschlagen, die Rolle an den Enden zubinden und ins kochende Wasser legen. Mindestens 30 Min. ununterbrochen kochen lassen.

Die Rolle aus dem Wasser heben, auswickeln und in 2–3 cm dicke Scheiben schneiden. Man kann Serviettenknödel zum Braten servieren, aber auch mit zerlassener Butter als Hauptgericht mit Salat essen.

Eine Variante dieses Knödelteigs wird mit 250 g Grieß, ½ l Milch und 3 in Würfel geschnittenen Semmeln zubereitet, wobei diese Zutaten mit 3 Eiern, Salz und Muskat zu einem Teig verarbeitet werden.

Bernhard Paul

Circus-Direktor (Roncalli)
Jahrgang 1947
Geboren in Wilhelmsburg / Niederösterreich

Wenn Sie zwei Wochen lang jeden Tag das gleiche essen müßten, wofür würden Sie sich entscheiden?
Sushi.

Auf welchen kulinarischen Luxus können Sie mühelos verzichten?
Kaviar.

Was war Ihre Leibspeise in der Kindheit?
Fleischlaiberl mit Erdäpfelsalat (österreichische Version).

Was sind für Sie die drei Grundbestandteile der österreichischen Küche?
Erdäpfel, einfaches Rindfleisch und Paniertes.

Hätten Sie nur eine ganz schmale Rente: Wovon würden Sie sich vor allem ernähren?
Von Knackwürsten und Brot.

Sinnlose Verschwendung: Woran denken Sie da im Bereich Essen und Trinken?
3-Sterne-Küche und alles, was damit zusammenhängt.

Welches ist für Sie das beste klassische Gericht Ihrer Heimat?
Tafelspitz.

Was ist der schlimmste gastronomische Brauch des 20. Jahrhunderts?
Junkfood.

Bei welchem Essensduft werden Sie schwach?
Bei Knoblauch.

Sie bereiten ein Liebesmenü für zwei, das sich auch ein Student oder Lehrling leisten könnte. Was gibt es zu essen, was gibt es zu trinken?
Kaiserschmarrn und Kaffee.

Welches österreichische Gericht ist zu Unrecht vergessen?
Beuscherl.

Wenn Sie in Österreich authentisch, einfach, gut und preiswert essen wollen. Wo gehen Sie hin?
In ein Beisl am Eck.

PRESSKNÖDEL **

250 g Graubrot oder Semmeln vom Vortag
2 gekochte Kartoffeln
⅛ l Milch
2 Eier
Salz
Kümmel
2 EL Mehl
1 kleine Zwiebel
1 Bund Petersilie
60 g Butterschmalz
125 g Tiroler Graukäse oder würziger Hartkäse

Brot oder Semmeln in kleine Würfel schneiden. Kartoffeln mit der Gabel zerdrücken. Beides in eine Schüssel geben.

Milch, Eier, Salz und Kümmel gut verrühren und darübergießen. Mehl daruntermischen.

Zwiebel schälen und fein hacken. Petersilie waschen, abtropfen lassen und ebenfalls fein hacken. 10 g Fett erhitzen, Zwiebeln und Petersilie darin anschwitzen, zu den übrigen Zutaten in die Schüssel geben.

Graukäse zerbröckeln oder Hartkäse in kleine Würfel schneiden. Zum Teig geben und alles gut durchmischen.

Das restliche Butterschmalz erhitzen. Aus dem Teig Knödel formen und dann zwischen den Handflächen zu dicken Plätzchen zusammenpressen. Im heißen Fett auf beiden Seiten knusprig braun backen.

Man ißt Preßknödel entweder zu frischem Salat oder legt sie in eine Knochen- oder Gemüsebrühe mit viel Schnittlauch oder auch in eine Einbrennsuppe ein.

Spinatknödel **

Die im Alpenland, vor allem aber in Südtirol so beliebten Spinatknödel werden in manchen Regionen auch in Nockenform zubereitet.

250 g Knödelbrot (in kleine Würfel geschnittene altbackene Semmeln)
etwa ⅛ l Milch
2 Eier
etwas abgeriebene Muskatnuß
Salz
200 g Spinat
1 Knoblauchzehe
50 g Butter
2 EL geriebener Parmesankäse

Knödelbrot in eine Schüssel geben. Milch, Eier, Muskat und Salz verrühren und über das Brot gießen. 10 Min. stehen lassen.

Spinat verlesen, waschen und mit wenig Wasser aufkochen, bis er zusammenfällt. Auf ein Sieb gießen und gut abtropfen lassen. Sehr fein hacken.

Knoblauchzehe schälen und fein hacken.

10 g Butter erhitzen, Spinat und Knoblauch darin schwenken. Mit Salz würzen. Zu den übrigen Zutaten in die Schüssel geben. Den Knödelteig gut durcharbeiten. Wenn er zu weich ist, noch etwas Mehl zugeben.

Reichlich Wasser zum Kochen bringen, salzen.

Aus dem Teig kleine Knödel formen; diese 10–12 Min. bei schwacher Hitze mehr ziehen als kochen lassen.

Knödel mit dem Schaumlöffel aus dem Kochwasser heben, auf einer Platte anrichten.

Restliche Butter erhitzen und über die Knödel gießen. Mit Käse bestreuen.

GRAMMELKNÖDEL **

Griebenknödel

Man kann dieses preiswerte steirische Gericht mit einem Semmelteig, aber auch mit Kartoffeln zubereiten. Nachfolgend ist der sehr lockere Kartoffelteig beschrieben.

500 g Kartoffeln
150 g Weizenmehl
1 Ei
2 TL Sauerrahm
1 kleine Zwiebel
1 Bund Petersilie
20 g Butter oder Margarine
Salz
Pfeffer
75 g Grieben (Grammeln, aus etwa 250 g Rohspeck oder Flomen)

Kartoffeln in der Schale kochen, abziehen und zerstampfen oder durchdrücken. Mehl, Eier und Sauerrahm unter die Kartoffeln mischen.

Zwiebel schälen und fein hacken, Petersilie waschen, abtropfen lassen und hacken.

Fett erhitzen, Zwiebeln und Petersilie darin so lange anschwitzen, bis die Zwiebeln glasig sind. Zwiebeln und Petersilie zum Kartoffelteig geben. Mit Salz und Pfeffer würzen und den Teig gut durcharbeiten.

Reichlich Wasser zum Kochen bringen und salzen. Grieben fein hacken.

Aus dem Teig mittelgroße Knödel formen, diese auseinanderreißen und in jeden einen Teelöffel Grieben füllen. Knödel wieder schließen und ins kochende Wasser einlegen. 6–8 Min. bei schwacher Hitze kochen lassen. Mit dem Schaumlöffel herausheben. Grammelknödel schmecken am besten zu Sauerkraut.

Bohnensterz ***

Sterz ist ein schweres, sättigendes Mehlgericht, das in der Steiermark in verschiedenen Variationen zubereitet wird. Im Burgenland, wo die Weinbauern zwischen den Rebstöcken Unmengen Bohnen heranziehen, haben ihn findige Hausfrauen zum Bohnensterz weiterentwickelt.

300 g weiße Bohnen
400 g Weizenmehl
100 g Schmalz
Salz

Weiße Bohnen waschen und über Nacht einweichen.

Im Einweichwasser am nächsten Tag weich kochen. Bohnen herausheben, Bohnenwasser weiterkochen lassen.

Mehl unter ständigem Rühren in einem Topf erhitzen, bis es sehr heiß ist und gelblich wird (man nennt das lichten oder linden).

Schmalz in einer Pfanne erhitzen.

Mit dem Schöpflöffel vorsichtig kochendes Bohnenwasser zum heißen Mehl gießen und dabei ständig umrühren (mit einem Deckel den Topf etwas abdecken, damit nichts herausspritzt). So viel kochendes Wasser zugießen, bis sich aus Wasser und Mehl kleine Klumpen gebildet haben, die aber nicht klebrig sein sollen. Mit einer großen Gabel den Sterz ständig durchrühren. Abgetropfte Bohnen und heißes Schmalz zugeben und weiterrühren. Krusten vom Topfboden lösen und immer wieder untermischen. Der Sterz wird gesalzen und muß schließlich bröckelig sein.

Er kommt entweder mit einer großen Schüssel Gurkensalat auf den Tisch oder wird zusammen mit einer Bohnensuppe gegessen; man nimmt sich mit dem Löffel etwas Sterz aus der großen Schüssel in der Mitte des Tisches und füllt den Löffel dann im eigenen Teller mit Suppe auf. Natürlich kann man auch jedem eine eigene Portion Sterz auf einem Teller zuteilen.

HEIDENSTERZ **

Buchweizensterz

Heidenmehl ist die mundartliche Bezeichnung für Buchweizenmehl. Den Heidensterz aß man in alter Zeit auch zum morgendlichen Milchkaffee.

1 l Wasser
Salz
250 g Buchweizenmehl
75 g Schmalz
75 g Grieben (Grammeln; aus etwa 250 g Rohspeck oder Flomen)

Wasser mit Salz zum Kochen bringen. Das Mehl auf einmal ins kochende Wasser einlaufen lassen. Nicht umrühren, damit sich ein fester Klumpen bildet. Nach 10 Min. Kochzeit den Mehlklumpen umdrehen und einmal mit der Gabel hineinstechen. Nach weiteren 8 Min. Wasser in einen Topf abgießen und heiß halten. Den Klumpen zerreißen und zerstampfen und nach Bedarf noch etwas heißes Kochwasser zufügen, damit das Mehl völlig ausquellen kann.

Schmalz erhitzen, über den Sterz gießen und gut mit dem bröckeligen Sterz vermischen. Grammeln erwärmen und über den Sterz streuen, der zusammen mit Gemüse-, Knochen- oder Einbrennsuppe gegessen wird.

Erdäpfelsterz *

Kartoffelsterz

500 g Kartoffeln
Salz
150 g Vollkornweizenmehl
100 g Griebenschmalz

Kartoffeln mit der Schale kochen, abziehen und fein reiben oder durchdrücken, mit Salz und Mehl verkneten.

Griebenschmalz in einer Pfanne erhitzen, die Kartoffelmasse hineingeben, anbraten und mit einer Gabel oder einer Pfannenschaufel in Stücke reißen. Die Teigstücke rundherum braun werden lassen.

Erdäpfelsterz ißt man mit Salat oder sauer eingelegtem Gemüse.

Steirischer Maismehlsterz mit Schwammerln **

Zur Schwammerlzeit reichern vor allem in den Gebirgsregionen der Steiermark Pilze selbst so einfache Alltagsgerichte wie Polenta zu richtigen Schmankerln an.

300 g Maisgrieß
1,5 l Wasser
Salz
300 g Wildpilze (Täublinge, Steinpilze, Butterpilze)
1 große Zwiebel
1 Knoblauchzehe
½ TL Kümmel
60 g Schmalz
Pfeffer

Maisgrieß in kochendes Wasser einlaufen lassen, salzen und das Wasser erneut zum Kochen bringen. Mais umrühren und zugedeckt bei ganz schwacher Hitze in 45 Min. ausquellen lassen.

Pilze putzen, waschen und in dünne Scheiben schneiden. Zwiebel und Knoblauch schälen und fein hacken.

Fett in einer großen Pfanne erhitzen, Zwiebeln und Knoblauch darin kurz anbraten. Pilzscheiben und Kümmel zugeben und so lange mitbraten, bis alle austretende Pilzflüssigkeit eingekocht ist.

Den inzwischen gegarten Maisgrieß zufügen, mit der Pfannenschaufel oder einer Gabel zerbröckeln, alles gut vermischen, mit Pfeffer und Salz würzen und so lange braten, bis der Schwammerlsterz gut gebräunt ist.

Steirisches Wurzelfleisch **

750 g Bauchfleisch vom Schwein
2 l Wasser
Salz
1 mittelgroße Zwiebel
2 Gewürznelken
2 Knoblauchzehen
2 Lorbeerblätter
1 Thymianzweig
6 schwarze Pfefferkörner
250 g Karotten
150 g Petersilienwurzel
1 Bund Petersilie

Bauchfleisch waschen und abtrocknen.

Wasser mit Salz zum Kochen bringen, das Fleisch hineinlegen, Wasser weiterkochen lassen.

Zwiebel schälen, die Gewürznelken hineinstecken. Knoblauchzehe waschen, aber nicht schälen. Gespickte Zwiebel, Knoblauchzehe, Lorbeerblätter, Thymian, Pfefferkörner zum Fleisch geben. Das Fleisch bei sehr schwacher Hitze 1 Std. kochen lassen.

Karotten, Petersilienwurzeln und Sellerie schälen und in lange Stifte schneiden. Das Wurzelgemüse in die Brühe geben, noch 20 Min. mitkochen.

Petersilie waschen, abtropfen lassen und fein hacken.

Fleisch aus der Brühe heben, in Scheiben schneiden und auf tiefen Tellern verteilen; Wurzeln aus der Suppe heben und auf das Fleisch geben. Mit Petersilie bestreuen. Etwas von der Brühe um Fleisch und Wurzelwerk gießen und mit Salzkartoffeln und Meerrettich (Kren) essen.

MOSTBRATEL **

Im Mostviertel, wo dieses Gericht zu Hause ist, gießt man süßen Apfelmost an den Braten, in den Weinbauregionen um Wien aber gibt man zum Mostbratel heurigen Wein. In der feinen Küche wird er aus Rindslende oder -filet bereitet, auf dem Land aus Halsgrat vom Schwein.

1 kg Schweinsbraten (Halsgrat)
100 g fetter geräucherter Speck
1 Bund Petersilie
3–4 Gewürznelken
1 kleines Stück Ingwer
Salz
Pfeffer
1 TL Essig
¼ l süßer Apfelmost

Schweinsbraten waschen, abtrocknen. Räucherspeck in dünne Scheiben schneiden. Petersilie waschen, abtropfen lassen und fein hacken.

Backofen auf 220 ° C vorheizen.

Einen Bräter mit den Speckscheiben auslegen. Petersilie und Nelken daraufstreuen. Ingwerwurzel schälen und in kleinen Stückchen auf den Speck geben. Schweinsbraten salzen, pfeffern und auf den Speck legen. Essig und Most mischen und an den Braten gießen. 1 ½ Std. im Backofen garen, zwischendurch begießen. Nach der halben Garzeit umdrehen.

Am Ende der Bratzeit den Braten herausnehmen, einige Minuten ruhen lassen.

Sauce aufkochen und würzig abschmecken. Nach Wunsch mit etwas Brühe (Würfel) aufgießen und mit wenig Mehl eindicken.

KÜMMELFLEISCH **

Das besonders in der Wiener Küche beliebte Gericht wird aus einem Stück flacher Schweineschulter oder Schweinehals zubereitet und ergibt ein preiswertes Sonntagsgericht.

400 g Schweinefleisch
etwas Weizenmehl zum Wenden
40 g Schmalz oder Margarine
2 TL Kümmel
Salz
Pfeffer
¼ l Wasser oder Knochenbrühe

Schweinefleisch waschen und abtrocknen, in große Würfel (3 cm Seitenlänge) schneiden. Fleischwürfel in Mehl wälzen.

Fett in einer Pfanne erhitzen, Fleisch darin rundherum anbraten. Mit Kümmel, Salz und Pfeffer würzen. Nach und nach Wasser oder Brühe angießen. In 1–1 ½ Std. garen. Dazu gibt es Petersilienkartoffeln und Erbsengemüse.

KRENFLEISCH **

Schweinefleisch mit Meerrettich

Ein einfaches Fleischgericht, das vor allem nach der Hausschlachtung auf den Tisch kommt.

750 g Schweinefleisch (Kopf, Schulter, Füße)
2 l Wasser
Salz
2 EL Essig
Pfefferkörner
1 TL getrockneter Thymian
2 Karotten
1 Knoblauchzehe
1 Zwiebel
frisch geriebener Meerrettich

Fleischstücke waschen und abtrocknen. Ins kalte Wasser geben, mit Salz, Essig, Pfefferkörnern und Thymian würzen.

Karotten schälen, halbieren und in die Kochbrühe geben. Knoblauch und Zwiebel schälen und ebenfalls zufügen. Das Fleisch etwa 1 Std. kochen. Aus der Brühe nehmen und in Scheiben schneiden. Mit dem Meerrettich bestreuen. Dazu gibt es Salzkartoffeln oder Pellkartoffeln.

Paprikaschnitzerl **

4 Schweinsschnitzel (à 120 g)
Salz
etwas Mehl
2 Zwiebeln
50 g Räucherspeck
30 g Margarine oder Schmalz
2 TL edelsüßes Paprikapulver
1/8 l Fleischbrühe
1/8 l Sauerrahm

Schnitzel waschen und abtrocknen, jedes in 3 Stücke schneiden, salzen und auf beiden Seiten mit etwas Mehl bestreuen.

Zwiebeln schälen und fein hacken. Speck in kleine Würfel schneiden.

Fett erhitzen, Zwiebeln und Speck darin so lange braten, bis die Zwiebeln glasig werden. Paprikapulver untermischen und die Schnitzelstücke in die Pfanne geben. Auf beiden Seiten anbraten und die Fleischbrühe angießen. Fleisch in 20–30 Min. garen.

Zum Schluß den Sauerrahm einrühren und die Sauce abschmecken.

Dazu gibt es Nudeln oder Nockerl sowie eingelegte Essiggurken.

GESOTTENES RIPPERL MIT WURZELWERK **

750 g Schweinsripperln (in 4 Teile gehackt)
1 ½ l Wasser oder Brühe
Pfeffer
Salz
1 Lorbeerblatt
2 große Karotten
1 Sellerieknolle
1 Kohlrabi
einige Blumenkohlröschen
1 Stange Lauch
1 Bund Schnittlauch

Schweinsripperln waschen, abtrocknen. Wasser oder leichte Brühe aufkochen, die Ripperln hineingeben. Mit Pfeffer, Salz und Lorbeerblatt würzen. 1 Std. bei schwacher Hitze kochen lassen.

Karotten, Sellerie und Kohlrabi schälen und in kleine Würfel schneiden. Blumenkohlröschen waschen. Lauchstange halbieren, gründlich waschen und in feine Streifen schneiden.

Wurzelgemüse und Blumenkohl in die Suppe geben, 15 Min. mitkochen lassen.

Lauchstreifen ebenfalls zugeben und alles noch weitere 10 Min. kochen. Suppe nochmals abschmecken.

Schnittlauch waschen, trockentupfen und in Röllchen schneiden.

Schweinsripperl aus der Suppe nehmen, die Gemüse daneben anrichten. Alles mit Schnittlauch bestreuen. Warm halten. Die Suppe mit feinen Suppennudeln separat essen.

FASCHIERTE LAIBCHEN **

Fleischpflanzerl, Buletten, Frikadellen

500 g Hackfleisch (Faschiertes) vom Schwein
2 Semmeln
1 Zwiebel
1 Knoblauchzehe
1 Bund Petersilie
50 g Räucherspeck
1 Ei
Pfeffer
Salz
1 TL Majoran
abgeriebene Zitronenschale
2 EL Semmelbrösel
Schmalz oder Margarine zum Braten

Hackfleisch in eine Schüssel geben. Semmeln in warmem Wasser einweichen. Zwiebel und Knoblauchzehe schälen und sehr fein hacken. Petersilie waschen, abtropfen lassen, fein hacken. Räucherspeck in winzige Würfel schneiden.

Semmeln ausdrücken und mit Zwiebel- und Knoblauchwürfeln, mit Petersilie, Räucherspeck und dem Ei zum Hackfleisch geben. Mit Pfeffer, Salz, Majoran und Zitronenschale würzen.

Kleine Laibchen aus dem Fleischteig formen, jedes in Semmelbröseln wälzen und diese fest andrücken.

Fett in einer Pfanne erhitzen, die Laibchen darin in 20 Min. rundherum knusprig braun braten.

Dazu gibt es Kartoffelpüree.

SCHWEINSFÜSSE GEBACKEN **

4 Schweinsfüße
Salz
Pfeffer
3 EL Mehl
1 Ei
3 EL Milch
100 g Semmelbrösel
Schmalz oder Öl zum Braten

Schweinsfüße vom Metzger längs durchhacken lassen, putzen, waschen und abtrocknen. In gesalzenem Wasser 1 Std. kochen.

Aus dem Wasser nehmen, trocknen lassen.

Mit Pfeffer bestäuben und in Mehl wälzen.

Ei und Milch verrühren, die Schweinsfüße durch die Eimischung ziehen, etwas abtropfen lassen und in den Semmelbröseln wälzen.

Reichlich Fett erhitzen und die panierten Schweinsfüße darin rundherum knusprig braun werden lassen.

Mit frischem Brot und Essiggurken essen.

Tiroler Leber Fuchsanger Art **

400 g Schweinsleber
60 g Räucherspeckscheiben
1 große Zwiebel
30 g Butter
1 EL Mehl
¼ l Wasser oder Fleischbrühe
Salz, Pfeffer
2 EL Sauerrahm

Schweinsleber waschen, abtrocknen und in kleine Scheiben schneiden. Räucherspeck in Streifen schneiden. Zwiebel schälen und fein hacken.

Fett erhitzen, Speck und Zwiebeln darin anbraten, die Leberscheiben dazugeben und mitbraten. Mehl darüberstäuben und leicht bräunen. Wasser oder Brühe angießen. Mit Salz und Pfeffer würzig abschmecken. Weitere 3–4 Min. garen. Mit Sauerrahm verfeinern.

In Tirol ißt man dazu Röstkartoffeln.

SALONBEUSCHERL ***

Feines Lungenhaschee

Innereien waren schon immer wohlfeile Fleischgerichte. Der Zusatz »Salon« aber weist darauf hin, daß es sich, wohl wegen des Zusatzes von Wein (statt Essig), um etwas besonders Feines handelt. Dieses Rezept stammt von der »Fuchsanger«-Wirtin zu Rettenschöss (Tirol), die das Beuscherl täglich auf der Karte hat.

250 g Lunge (vom Schwein oder Kalb)
250 g Herz (vom Schwein oder Kalb)
1 ½ l Wasser oder Fleischbrühe
1 Zwiebel
2 Gewürznelken
2 Lorbeerblätter
10 schwarze Pfefferkörner
Salz
30 g Butter
1 EL Mehl
⅛ l Weißwein
1 TL Kapern
1 Gewürzgurke
Pfeffer
Zitronenschale

Lunge und Herz sorgfältig waschen und in kaltem Wasser oder in Brühe zum Kochen bringen.

Zwiebel schälen und mit Gewürznelken spicken, zusammen mit Lorbeerblättern, Pfefferkörnern und Salz zur Kochbrühe geben.

Lunge 25 Min., Herz 40 Min. kochen, aus dem Sud nehmen und abkühlen lassen. Beides in dünne Streifen oder in Würfel schneiden. Kochbrühe durch ein Sieb gießen.

Butter erhitzen, Mehl darin anschwitzen, mit Wein und etwas Brühe ablöschen. Kapern zugeben. Gewürzgurke in kleine Würfel schneiden. Zusammen mit den Streifen oder Würfeln von Lunge und Herz zugeben. Das Beuscherl mit Pfeffer, Salz und abgeriebener Zitronenschale würzen. Nach Wunsch auch noch mit Essig und etwas Zucker abschmecken.

Feiner wird das Beuscherl, wenn man zum Schluß ⅛ l Sauerrahm einrührt und gehackte Petersilie darüberstreut.

Wiener Dampfgulasch **

400 g Rindfleisch (vom Hals)
2 große Zwiebeln
1 Knoblauchzehe
30 g Schmalz
2 TL edelsüßes Paprikapulver
1 TL Kümmel
Salz
3 große Kartoffeln

Rindfleisch waschen, abtrocknen und in Würfel (2 cm Seitenlänge) schneiden. Zwiebeln und Knoblauchzehe schälen und fein hacken.

Fett in einer Pfanne erhitzen, Zwiebeln und Knoblauch darin glasig werden lassen. Die Fleischstücke zugeben und rundherum anbraten.

Paprikapulver darüberstäuben und mit Kümmel und Salz würzen. Das Fleisch zugedeckt unter Zugabe von etwas Wasser etwa 1 ½ Std. schmoren.

Kartoffeln schälen und in Würfel schneiden. Zum Gulasch geben und noch 20 Min. mitgaren. Bei Bedarf noch etwas Wasser oder Brühe angießen.

Majoranfleisch **

500 g Rindfleisch (Hesse oder Wadschinken)
2 große Zwiebeln
2 Knoblauchzehen
50 g Schmalz oder 4 EL Öl
1 EL getrockneter Majoran
Salz
Pfeffer
1 TL Mehl
⅛ l Wasser
einige Tropfen Essig

Rindfleisch waschen und abtrocknen, in Scheiben und dann in Streifen schneiden. Zwiebeln und Knoblauch schälen, Zwiebeln fein hacken.

Fett erhitzen, Zwiebeln darin hellbraun werden lassen, Majoran zugeben, Knoblauchzehen mit Salz zerdrücken und zusammen mit etwas Pfeffer ebenfalls unter die Zwiebeln mischen.

Die Fleischstreifen unter die Zwiebeln rühren und kräftig anbraten. Unter wiederholter Zugabe von wenig Wasser in 1 ½ Std. dünsten.

Mehl darüberstäuben und unter Rühren etwas anrösten.

Nochmals Wasser zugeben. Weitere 10 Min. garen und kräftig abschmecken.

Man kann das Majoranfleisch nach Geschmack auch mit 3 Eßlöffeln Sauerrahm verfeinern.

Dazu passen *Nockerln.* Man bereitet aus 3 Eiern, ca. 500 g Mehl, Salz und lauwarmem Wasser einen zähflüssigen Teig, der durch einen Nockerlreißer (ähnlich dem Spätzlesieb) in kochendes, gezalzenes Wasser gerührt wird. Die Nockerln müssen so lange kochen, bis sie nach oben steigen. Sie werden dann auf ein Sieb gegossen und nach dem Abtropfen zu vielerlei Fleischsaucen gegessen.

Zwiebelfleisch mit Thymian **

Aus dem hier verwendeten preiswerten Rindfleisch wird nicht nur eine Suppe, sondern auch ein kräftiges Fleischgericht gekocht.

350 g Rindfleisch (Bruststpitze oder Schulterblatt)
1 ½ l Wasser
2 Sandknochen
2 Karotten
1 Petersilienwurzel
Salz
3 große Zwiebeln
40 g Schmalz oder 3 EL Öl
½ TL getrockneter Thymian
einige Tropfen Essig
1 TL Mehl

Rindfleisch und Knochen waschen. In einen Topf geben, kaltes Wasser angießen und zum Kochen bringen.

Karotten und Petersilienwurzel schälen und halbieren. Mit etwas Salz in den Suppentopf geben. Die Suppe eine gute Stunde kochen lassen (das Fleisch soll noch nicht gar gekocht sein).

Zwiebeln schälen und fein hacken.

Fett erhitzen und die Zwiebeln darin glasig werden lassen.

Suppenfleisch aus dem Topf nehmen, in ganz dünne Scheiben schneiden und zu den Zwiebeln geben. Thymian und Salz zugeben, mehrmals einige Eßlöffel der durchgesiebten Kochbrühe angießen und das Fleisch 40 Min. dünsten. Mit ein paar Tropfen Essig würzen. Etwas Mehl unter das gedünstete Fleisch rühren. Noch etwa eine Tasse Brühe angießen und das Gericht weitere 5 Min. durchkochen lassen. Mit Salzkartoffeln essen.

In die restliche durchgesiebte Kochbrühe kann man feine Suppennudeln einkochen und sie mit gehackter Petersilie oder Schnittlauchröllchen verfeinern.

Kuttelgröstl aus dem Bregenzer Wald **

Man sollte gekochte Kutteln (Kaldaunen) einkaufen, da diese Innereien (Netzmagen und Pansen vom Rind) lange gewässert und dann stundenlang gekocht werden müssen, bevor sie zubereitet werden können.

400 g gekochte Kutteln
1 mittelgroße Zwiebel
1 Knoblauchzehe
50 g Räucherspeck
3 in der Schale gekochte Kartoffeln (vom Vortag)
30 g Schmalz
Salz
Pfeffer
1 Bund Schnittlauch

Kutteln in feine Streifen schneiden. Zwiebeln und Knoblauch schälen und fein hacken. Speck in kleine Würfel schneiden. Kartoffeln abziehen und in Streifen schneiden.

Fett in einer Pfanne erhitzen, Speck darin auslassen, Zwiebeln und Knoblauch glasig werden lassen. Kuttelstreifen zugeben. Alles unter Rühren gut anbraten. Mit Salz und Pfeffer würzen. Kartoffelscheiben zugeben, ebenfalls mitbraten.

Schnittlauch waschen, abtropfen lassen und in Röllchen schneiden. Über die gebratenen Kutteln streuen.

Ragout aus Rindsherz **

500 g Rindsherz
1 Petersilienwurzel
2 Karotten
1 Zwiebel
1 Knoblauchzehe
30 g Butterschmalz
Salz
Pfeffer
1 l Wasser
1 Lorbeerblatt
1 EL Mehl
⅛ l Sahne oder Milch

Rindsherz der Länge nach halbieren, Röhren und Hautreste wegschneiden. Herzhälften gründlich waschen, abtrocknen und in große Würfel (4 cm Seitenlänge) schneiden.

Petersilie, Karotten, Zwiebeln und Knoblauch schälen und in Stücke schneiden.

Fett erhitzen, die Gemüse darin unter Rühren anbraten, die Stücke vom Herz dazugeben und ebenfalls mitbraten.

Mit Salz und Pfeffer würzen. Wasser angießen und zum Kochen bringen. 80 Min. bei schwacher Hitze kochen lassen.

Herzstücke herausheben. Kochbrühe mit den Gemüsen durchpassieren oder pürieren.

Die passierte Brühe erhitzen. Mehl mit Sahne oder Milch anrühren, in die kochende Brühe gießen. Herzstücke hineingeben und noch 10 Min. kochen lassen.

Zum Herzragout schmecken Knödel oder Nudeln.

KALBFLEISCHHASCHEE **

Einen relativ preiswerten Kalbsbraten bereitet man aus einem Stück von der Brust oder der Brustspitze. Aus den Überresten des Bratens wird dann ein feines Haschee.

500 g Kalbfleischreste
2 Semmeln
150 g Champignons oder Wildpilze
1 kleine Zwiebel
1 Bund Petersilie
30 g Butter
1 Eidotter
Salz
Pfeffer

Kalbfleischreste in kleine Stücke schneiden. Semmeln in etwas warmem Wasser oder in Milch einweichen.

Champignons putzen, waschen und in kleine Stückchen schneiden. Zwiebel schälen und fein hacken. Petersilie waschen, abtropfen lassen und ebenfalls fein hacken.

Fett erhitzen, Zwiebel darin glasig werden lassen, Pilzstücke so lange mitbraten, bis die austretende Pilzflüssigkeit eingekocht ist. Petersilie zugeben.

Semmeln gut ausdrücken und mit den Kalbfleischresten durch den Fleischwolf drehen. Die Masse zu den Pilzen in die Pfanne geben. Eidotter unterrühren. Mit Salz und Pfeffer würzen.

Alles gut untermischen und erhitzen.

Schmeckt besonders fein auf gerösteten Brotscheiben.

Schöpsernes gedünstet mit Petersilie **

Hammelfleisch

Schöps heißt in der Mundart der Hammel, Schöpsernes ist aber auch das Fleisch vom Schaf. Schöpsengerichte müssen sehr heiß gegessen werden, weil das Fett rasch stockt.

500 g Schaf- oder Hammelfleisch (Schulter)
1 große Zwiebel
50 g Schmalz
Salz
2 TL edelsüßes Paprikapulver
½ TL Kümmel
1 TL Essig
500 g Tomaten
½ l Wasser
3 Kartoffeln
2 Bund Petersilie

Fleisch waschen, trockentupfen, vom Knochen lösen und in Würfel schneiden. Zwiebel schälen und fein hacken.

Schmalz erhitzen, Zwiebeln darin glasig braten. Fleischwürfel zufügen. Salz, Paprikapulver, Kümmel, etwas Essig und 2–3 Eßlöffel Wasser unterrühren. Fleisch etwa 1 Std. bei schwacher Hitze dünsten.

Tomaten zerschneiden und in Wasser 15 Min. kochen.

Tomaten passieren und zum Fleisch gießen. Das Fleisch in weiteren 30 Min. garen.

Kartoffeln schälen und in Scheiben schneiden. 15 Min. vor Ende der Garzeit zum Fleisch geben.

Petersilie waschen, abtropfen lassen, fein hacken und über das Schöpsenfleisch streuen.

Steirisches Schöpsenfleisch mit Bohnen **

Hammelfleisch

300 g weiße Bohnen
1 Lorbeerblatt
600 g Hammelfleisch (Schöpsernes)
Salz
Pfeffer
1 große Zwiebel
2 Knoblauchzehen
40 g Schmalz
½ l Wasser oder Fleischbrühe

Bohnen waschen und über Nacht einweichen.

Hammelfleisch waschen, abtrocknen und in Würfel schneiden. Mit Salz und reichlich Pfeffer würzen.

Zwiebeln und Knoblauchzehen schälen und fein hacken.

Fett erhitzen, die Fleischwürfel darin rundherum braunbraten. Zwiebeln und Knoblauch zugeben und einige Minuten mit-

braten. Wasser oder Fleischbrühe angießen. Das Fleisch in etwa 1 ½ Std. garen.

Inzwischen die eingeweichten Bohnen mit Wasser und Lorbeerblatt in etwa 45 Min. weich kochen. In den letzten 15 Min. der Kochzeit des Hammelfleisches die Bohnen mit etwas Kochwasser dazugeben und alles zusammen fertig kochen. Mit Salz abschmecken. Wie alle Hammelgerichte sehr heiß auf den Tisch bringen.

Georg Riedel

Glasfabrikant
Jahrgang 1949
Geboren in Innsbruck

Wenn Sie zwei Wochen lang jeden Tag das gleiche essen müßten, wofür würden Sie sich entscheiden?
Brot und Wein.

Auf welchen kulinarischen Luxus können Sie mühelos verzichten?
Desserts.

Was war Ihre Leibspeise in der Kindheit?
Wiener Schnitzel.

Was sind die drei Grundbestandteile der ursprünglichen österreichischen Küche?
Einfaches gekochtes Fleisch, Mehlspeisen und eingekochte Früchte.

Hätten Sie nur eine ganz schmale Rente: Wovon würden Sie sich vor allem ernähren?
Gemüse und Salat.

Sinnlose Verschwendung: Woran denken Sie da im Bereich Essen und Trinken?
Wenn ein guter Wein vergeudet wird.

Welches ist für Sie das beste klassische Gericht Ihrer Heimat?
Tafelspitz.

Was ist der schlimmste gastronomische Brauch des 20. Jahrhunderts?
Sorbets.

Bei welchem Essensduft werden Sie schwach?
Beim Duft von Waldbeeren und Schwammerl.

Sie bereiten ein Liebesmenü für zwei, das sich auch ein Student oder Lehrling leisten könnte. Was gibt es zu essen, was gibt es zu trinken?
Picknick im Grünen mit Weißwein, Rotwein und ein paar liebevoll zusammengestellten Kleinigkeiten.

Welches österreichische Gericht ist zu Unrecht vergessen?
Beuscherl.

Wenn Sie in Österreich authentisch, einfach, gut und preiswert essen wollen. Wo gehen Sie hin?
In den Tiroler Hof in Niederndorf/Tirol.

Gebackenes Kaninchen **

Kaninchen waren früher keine Leckerbissen für verwöhnte Gourmets, sondern der Sonntagsbraten der kleinen Leute, die sich ihre Stallhasen meist selbst fütterten und schlachteten.

750 g Kaninchenfleisch (Rücken und Hinterläufe)
Salz
Pfeffer
etwas Zitronensaft
3 EL Mehl
1 Ei
5 EL Milch
5 EL Semmelbrösel
Fett zum Ausbacken

Kaninchenfleisch waschen, abtrocknen und in Portionsstücke teilen, Hinterläufe ganz lassen. Mit Salz und Pfeffer bestreuen und mit etwas Zitronensaft beträufeln. 30 Min. einziehen lassen. Mehl auf einen Teller geben. Ei und Milch gut verrühren. Semmelbrösel ebenfalls auf einen Teller schütten.

Fleischstücke zuerst im Mehl wenden, dann von beiden Seiten in die Eimasse tauchen, abtropfen lassen und in Semmelbröseln wenden. Die Panade fest andrücken.

Reichlich Bratfett erhitzen und die Fleischstücke darin bei nicht zu starker Hitze langsam goldgelb backen. Das dauert je nach Größe der Stücke 15–25 Min.

Mit in Fett und Zwiebeln gedünstetem Reis oder Risibisi und Kopfsalat essen.

KANINCHENRISOTTO **

Nicht nur im Süden Tirols war man zu Kaisers Zeiten mit Gerichten der italienischen Küche vertraut, auch die Regionen Italiens, die noch im vorigen Jahrhundert zur »Monarchie« gehörten, haben in Österreichs Küchen ihre Spuren hinterlassen.

600 g Kaninchenfleisch (von den Knochen abgelöst)
Salz
Pfeffer
1 große Zwiebel
60 g Schmalz
250 g Rundkornreis
½ l Wasser oder Fleischbrühe
1 Bund Petersilie
100 g Hartkäse (z.B. Parmesan oder Emmentaler)

Kaninchenfleisch waschen, abtrocknen und in kleinere Stücke schneiden. Mit Salz und Pfeffer bestreuen.

Zwiebel schälen und fein hacken.

Schmalz oder Margarine erhitzen, die Zwiebel darin glasig werden lassen. Die Fleischstücke zugeben und in etwa 10 Min. rundherum anbraten.

Reis waschen, abtropfen lassen und zum Fleisch geben. Ebenfalls kurz mitbraten.

Wasser oder Brühe angießen, umrühren und das Risotto zugedeckt in etwa 20–25 Min. fertig garen.

Petersilie waschen, abtropfen lassen und fein hacken. Hartkäse (z.B. Parmesan oder Emmentaler) reiben. Petersilie unter das Kaninchen-Reis-Gericht mischen. Käse darüberstreuen.

HÜHNERPAPRIKASCH **

Für dieses Gericht aus dem Grenzgebiet zu Ungarn verwendet man die Hälfte von einem großen Suppenhuhn, das gekocht und dann geteilt wird. So erhält man nicht nur eine kräftige Hühnerbrühe mit Fleischeinlage (eine Hälfte des Huhns), sondern auch noch ein würziges Gericht aus Hühnerfleisch.

½ gekochtes Suppenhuhn (etwa 800 g)
2 große Zwiebeln
1 Knoblauchzehe
40 g Butter oder Schmalz
1 EL edelsüßes Paprikapulver
Salz
½ l Hühnerbrühe
½ l Wasser
1 TL Mehl
½ l Rahm

Das gekochte Suppenhuhn halbieren, von einer Hälfte die Fleischstücke ablösen, Haut abziehen, die Stücke in größere Würfel schneiden. Zwiebeln und Knoblauchzehe schälen und fein hacken.

Fett in einem Topf erhitzen, Zwiebeln und Knoblauch darin weich und glasig werden lassen. Paprika einrühren, salzen und die Fleischstücke darin rundherum anbraten. Brühe und Wasser zugießen und das Paprikasch 15 Min. kochen lassen.

Mehl und Rahm gut verrühren und angießen. Paprikasch noch 7 Min. ziehen lassen.

Dazu schmecken Nockerln (Rezept bei Majoranfleisch S. 147) oder Nudeln am besten.

Natürlich kann man Hühnerpaprikasch auch aus einem nicht vorgekochten Huhn zubereiten. Dann verlängert sich die Garzeit um ½ bis 1 Std., je nach Alter des Tieres.

Eingemachtes Huhn **

1 kleines küchenfertiges Huhn (1000 g)
1 Stange Lauch
2 Karotten
1 Kohlrabi
1 Petersilienwurzel
1 Knoblauchzehe
1 Lorbeerblatt
2 l Wasser oder Knochenbrühe
Salz, 6 Pfefferkörner
30 g Butter
1 EL Mehl
1 Eidotter
1 TL Kapern
1 Bund Petersilie

Das geputzte Huhn waschen, abtrocknen und in Portionsstücke schneiden.

Lauch halbieren, sorgfältig waschen und in 1 cm breite Stücke schneiden. Karotten, Kohlrabi und Petersilienwurzel schälen und in längliche Streifen schneiden.

Kaltes Wasser oder Knochenbrühe mit den Fleischstücken, Lauch, Karotten, Kohlrabi und Petersilienwurzel, der ungeschälten Knoblauchzehe, Lorbeerblatt, Salz und Pfefferkörnern zum Kochen bringen und 45 Min. mehr ziehen als kochen lassen.

Huhn aus der Suppe nehmen, die Haut entfernen, das Fleisch von den Knochen lösen und in Streifen schneiden.

Butter erhitzen, Mehl darin unter Rühren etwas Farbe nehmen lassen. Mit ¼ – ½ l von der Hühnerbrühe aufgießen, 5 Min. kochen lassen.

Dotter einrühren und die Fleischstücke in die Sauce rühren. Kapern zugeben.

Petersilie waschen, abtropfen lassen und fein hacken. Über das eingemachte Hühnerfleisch streuen. Am besten paßt körniger Reis dazu. Die Suppe mit den Gemüsen und Suppennudeln separat servieren.

Altwiener Backhendl **

Nur an Feiertagen wie Weihnachten, Ostern oder zum Kirchweihfest gab es diese Wiener Spezialität, die aber auch in Ungarn und in Norditalien verbreitet war.

2 sehr kleine, küchenfertige Hühner (ca. 500 g)
Salz
3 EL Mehl
1 Ei
2 EL Milch
2 halbe Eierschalen voll Wasser
1 TL Öl
6 EL Semmelbrösel
etwa 80 g Schmalz
1 Zitrone

Hühner waschen, abtrocknen und vierteln. Die Stücke rundherum mit Salz bestreuen. Etwas einziehen lassen.

Mehl auf einen Teller geben. Ei mit Milch, Wasser und Öl gut verrühren.

Hühnerviertel in Mehl wenden, dann ins verrührte Ei tauchen und zum Schluß in Semmelbröseln wälzen. Die Panade etwas andrücken.

Fett in einer Pfanne erhitzen und die Fleischstücke auf beiden Seiten in etwa 20–25 Min. langsam goldgelb backen.

Zitrone waschen und in Achtel schneiden. Backhendl damit garnieren. Man ißt dazu Erbsenreis oder Bratkartoffeln oder Kartoffelsalat.

Ein besonders beliebtes Gustostückel und eine Zugabe zum Backhendl ist die ebenfalls panierte und gebackene Hühnerleber.

ENTENJUNGES MIT REIS **

Entenklein mit Reis

Aus Geflügelteilen wie Hals, Flügeln, Füßen, Magen, Herz bereitete man früher eine eigene Mahlzeit zu. Bei vielen Feinschmeckern sind diese Teile, Entenjunges eben, bis heute hochgeschätzt.

Entenjunges von 1 Ente
1 Bund Suppengrün
¾ l Wasser
3 Pfefferkörner
Salz
250 g Rundkornreis
15 g Butter
50 g Hartkäse (z.B. Emmentaler)

Entenjunges waschen, abtrocknen und in Stücke teilen. Suppengrün putzen, waschen und klein schneiden. Entenstücke und Suppengrün in kaltes Wasser geben und zum Kochen bringen. Pfefferkörner und Salz zugeben. 40 Min. kochen lassen. Geflügelteile herausnehmen, das Fleisch ablösen und klein schneiden. Fleisch wieder in die Brühe geben.

Reis waschen und abtropfen lassen. Zur Entenbrühe geben und ihn darin in 20 Min. garen.

Butter unter den Entenreis mischen. Anrichten und den Hartkäse darüberreiben.

Alpenländisches Hirschgulasch **

500 g Hirschfleisch (Schulter oder Hals)
½ Tasse Essig
1 ½ Tassen Wasser
Salz
1 Lorbeerblatt
einige Thymianstiele oder 1 TL getrockneter Thymian
10 Wacholderbeeren
1 Zwiebel
1 Knoblauchzehe
2 Karotten
¼ Sellerieknolle
1 Petersilienwurzel
50 g Schmalz oder 5 EL Öl
Pfeffer
⅛ l Rotwein
2 TL Mehl
⅛ l Sauerrahm
2–3 TL Preiselbeerkompott

Hirschfleisch waschen, abtrocknen und in einer Mischung aus Essig, Wasser, Salz, Lorbeerblatt, Thymian und Wacholderbeeren 1 Std. kochen (das Fleisch soll noch nicht ganz gar sein).

Zwiebel und Knoblauchzehe schälen und fein hacken. Karotten, Sellerieknolle und Petersilienwurzel schälen und fein raspeln. Fett in einem Topf erhitzen, Zwiebel und Knoblauch darin glasig werden lassen; das geraspelte Gemüse zugeben, 15 Min. dünsten.

Fleisch aus der Kochbrühe nehmen und in 3 cm lange Würfel schneiden. Fleischwürfel zum Gemüse geben, salzen, pfeffern.

Kochbrühe durchsieben und mit dem Rotwein an das Fleisch gießen. Zugedeckt 25–30 Min. dünsten.

Mehl und Sauerrahm verrühren und durch ein Sieb in die kochende Sauce gießen. Noch einige Minuten kochen lassen. Das Wildgulasch mit Preiselbeerkompott süß-sauer abschmecken.

Fische in der einfachen österreichischen Küche – ein Kapitel für sich. Die meisten Rezepte mit Fischen aus der Donau, den anderen Flüssen des Landes und den zahlreichen Seen entstammen der bürgerlichen oder besser gutbürgerlichen Küche. Das Angebot an Seefischen war immer bescheiden, die sogenannten »einfachen Stände« mußten sich vorwiegend mit Stockfisch, dem getrockneten Kabeljau oder Dorsch, begnügen, der preiswert angeboten wurde und haltbar war.

Selbst als Fastengerichte konnten Fischgerichte nie die Mehlspeisen verdrängen. Erst mit der Verkürzung der Transportzeiten und mit Beginn der Kühltransporte begann die regelmäßige Versorgung mit relativ preiswertem Meeresfisch.

Karpfen in Wurzelwerk **

½ Karpfen (etwa 800 g, der Länge nach geteilt)
etwas Zitronensaft
3 Karotten
2 Petersilienwurzeln
1 mittelgroße Zwiebel
1 Knoblauchzehe
½ l Wasser
1 Lorbeerblatt
einige Thymianzweige
6 schwarze Pfefferkörner
1 EL Essig
Salz
frisch geriebener Meerrettich (Kren)

Karpfen waschen, trockentupfen, in 5 cm breite Stücke schneiden und mit etwas Zitronensaft beträufeln.

Karotten, Petersilienwurzeln, Zwiebel und Knoblauch schälen; Karotten halbieren, Zwiebeln in Ringe schneiden.

Wasser erhitzen, Karotten, Petersilienwurzeln, Zwiebel und Knoblauch darin mit Lorbeerblatt, Thymian, Pfefferkörnern, Essig und Salz 20 Min. zugedeckt kochen.

Fischstücke zugeben und bei schwacher Hitze in 10–15 Min. gar ziehen lassen.

Petersilie waschen, abtropfen lassen und fein hacken.

Karpfenstücke aus der Brühe nehmen. Mit den in Streifen geschnittenen Karotten und Petersilienwurzeln anrichten.

Petersilie darüberstreuen.

Geriebenen Meerrettich, der mit einigen Tropfen Essig verrührt wird, dazu essen.

Fischauflauf **

750 g gekochter Fisch (von Karpfen, Hecht oder Schleie; Zubereitung *s. S. 167)*
Salz
¼ l Milch
1 EL Mehl
Salz
Pfeffer
50 g Butter
1 Ei, getrennt
1 Bund Dill
50 g Semmelbrösel

Fischstücke fein hacken. Etwas Milch und Mehl gut verrühren. Die übrige Milch erhitzen, das verrührte Mehl hineinquirlen, die Milch zum Kochen bringen. Etwas abkühlen lassen.

Backofen auf 200° C vorheizen.

Den gehackten Fisch in die Mehl-Milch-Mischung einrühren. Mit Salz und Pfeffer würzen. 40 g Butter und das Eidotter unter die Masse rühren.

Dill waschen, trockentupfen, fein hacken und ebenfalls dazugeben.

Eine Auflaufform mit der restlichen Butter ausstreichen, die Semmelbrösel hineinstreuen.

Eiweiß zu steifem Schnee schlagen und unter die Fischmasse heben. Diese in die Auflaufform füllen. Den Auflauf im Backofen in 20 Min. goldgelb backen.

Geschichteter Fischtopf **
überbacken

500 g Meeresfisch (Kabeljau oder Rotbarsch)
750 g Kartoffeln (am Vortag in der Schale gekocht)
Salz
6 Pfefferkörner
1 Knoblauchzehe
Zitronensaft
50 g Schmalz oder Butterschmalz
1 ½ EL Semmelbrösel
50 g Hartkäse

Fischstücke waschen und in wenig Wasser unter Zugabe von Salz, etwas Zitronensaft, Pfefferkörnern und der ungeschälten Knoblauchzehe in 10 Min. gar ziehen lassen.

Kartoffeln abziehen und in dünne Scheiben schneiden.

20 g Fett in einer Pfanne erhitzen, die Kartoffeln darin knusprig braten, salzen.

Backofen auf 220° C vorheizen.

Fisch aus dem Kochsud heben und in gleichmäßige Stücke teilen. Ein Drittel der Röstkartoffeln in eine feuerfeste Form geben, darauf die Hälfte der Fischstücke legen. Darüber eine weitere Schicht Kartoffeln, den restlichen Fisch und als letzte Schicht erneut Röstkartoffeln.

Das restliche Fett erhitzen, die Semmelbrösel darin unter Rühren hellbraun werden lassen. Auf die letzte Schicht des Fischtopfs streuen.

Hartkäse reiben und über den Semmelbröseln verteilen.

Im Backofen 15 Min. überbacken.

Mit viel Blattsalat anrichten.

Karpfenpaprikasch **

500 g Karpfen (ohne Haut und Gräten)
Salz
1 ½ EL Mehl
50 g Schmalz
1 mittelgroße Zwiebel
1 TL edelsüßes Paprikapulver
2 EL Tomatenpüree
¼ l Fisch- oder Fleischbrühe
⅛ l Sahne oder Milch

Karpfen waschen, trockentupfen, in gleichmäßige Stücke schneiden. Salzen und im Mehl wälzen.

Schmalz erhitzen, die Karpfenstücke darin auf beiden Seiten kurz anbraten, aus dem Fett nehmen und heiß halten.

Zwiebel schälen, fein hacken und im Bratfett goldgelb werden lassen. Paprikapulver, Tomatenpüree und das restliche Mehl einrühren. Sofort die Brühe angießen, unter Rühren aufkochen lassen. Sahne oder Milch unterrühren und weitere 10 Min. kochen.

Gebratene Karpfenstücke in die Paprika-Tomaten-Sauce legen und zugedeckt 5–10 Min. darin dünsten.

Kartoffelpüree oder Salzkartoffeln mit Kümmel und Petersilie sind die richtige Beilage dazu.

Fischschnitzerl **

Für dieses Schnitzel im Miniformat kann man verschiedene Reste von gekochtem oder gebratenem Fisch verwenden.

2 Semmeln vom Vortag	*1 Ei*
400 g Fisch	*Salz*
1 kleine Zwiebel	*Pfeffer*
1 Bund Petersilie	*2 EL Semmelbrösel*
10 g Butter	*30 g Schmalz oder Öl*

Semmeln in lauwarmem Wasser einweichen.

Fisch in Stücke schneiden. Semmeln gut ausdrücken, zum Fisch geben. Beides durch den Fleischwolf drehen.

Zwiebel schälen und fein hacken. Petersilie waschen, abtropfen lassen, fein hacken.

Butter erhitzen, Zwiebeln und Petersilie darin anbraten. Beides zusammen mit Ei, Salz und Pfeffer in die Fisch-Semmel-Masse rühren. 1 Eßlöffel Semmelbrösel untermischen. Kleine Laibchen formen und in den restlichen Semmelbröseln wälzen. Die Laibchen zu flachen, kleinen Schnitzeln formen.

Fett erhitzen, die Fischschnitzel darin knusprig braun werden lassen.

Mit Kartoffelsalat anrichten.

Fischgulasch **

750 g gemischter Meeresfisch
Salz
5 Pfefferkörner
1 Lorbeerblatt
2 große Zwiebeln
50 g Räucherspeck
30 g Schmalz
1 EL edelsüßes Paprikapulver
½ TL Kümmel
3 EL Sauerrahm

Fisch waschen, abtrocknen und in wenig Wasser unter Zugabe von Salz, Pfefferkörnern und Lorbeerblatt 8 Min. kochen.

Fischfleisch aus dem Sud nehmen, Haut und Gräten entfernen, das Fleisch in 2 cm große Stücke schneiden. Fischbrühe durchsieben.

Zwiebeln schälen und fein hacken. Räucherspeck in kleine Würfel schneiden.

Schmalz erhitzen, Zwiebeln und Speck darin anbraten und hellbraun werden lassen. Paprikapulver und Kümmel zugeben. Einige Eßlöffel Fischbrühe angießen. Die Fischstücke dazugeben und noch einige Minuten darin dünsten.

Sauerrahm unterrühren; das Gulasch erhitzen, aber nicht mehr kochen lassen.

Dazu ißt man Salzkartoffeln oder Reis.

Faschierter Braten vom Fisch **

Hackbraten aus Meeresfisch

Für dieses Gericht kann man verschiedene preiswertere Arten von Seefischen wie Kabeljau, Seelachs oder Schellfisch verwenden.

750 g Fisch
2 Semmeln
1 Zwiebel
1 Knoblauchzehe
50 g fetter Räucherspeck
1 Ei
Salz
Pfeffer
1 TL getrockneter Majoran
1–2 EL Semmelbrösel
50 g Schmalz oder 5 EL Öl

Fisch von Haut und Gräten befreien. Semmeln in lauwarmem Wasser einweichen. Zwiebel und Knoblauch schälen und grob hacken.

Backofen auf 200° C vorheizen.

Semmeln gut ausdrücken; zusammen mit Fisch, Zwiebeln und Knoblauch durch den Fleischwolf drehen.

Räucherspeck in kleine Würfel schneiden und auslassen, bis er goldgelb ist. Mit Ei, Salz, Pfeffer und Majoran an den Fischteig geben. So viel Semmelbrösel untermischen, daß ein nicht zu weicher Teig entsteht, der zu einem länglichen Braten geformt und in eine feuerfeste Form gelegt wird.

Fett erhitzen und über den Braten gießen. Die Form für 30–40 Min. in den Backofen stellen, mehrmals mit Bratfett begießen. Dazu schmecken Röstkartoffeln mit viel Petersilie.

Stockfisch mit Erdäpfeln überbacken

1000 g Stockfisch
600 g Kartoffeln
2 Bund Petersilie
Salz
40 g Butter
Pfeffer
1 Eidotter
⅛ l Sauerrahm
2 EL Semmelbrösel

Stockfisch 2–3 Std. in kaltes Wasser legen.

Kartoffeln in der Schale kochen. Abgießen und die Schale abziehen. Backofen auf 200° C vorheizen.

Petersilie waschen, abtropfen lassen und fein hacken.

Stockfisch mit etwas Salz in kochendes Wasser geben, 5–8 Min. kochen lassen. Herausnehmen, entgräten und die Haut entfernen. Fisch in nicht zu große Stücke schneiden.

Eine Auflaufform mit 20 g Butter ausstreichen. Kartoffeln in Scheiben schneiden. Eine Schicht Kartoffeln in die Form legen. Darüber die Hälfte der Fischstücke legen. Salzen und pfeffern. Eidotter und Sauerrahm verrühren, die Hälfte davon auf die Fischstücke geben. Mit der nächsten Kartoffellage, dem restlichen Fisch, Salz, Pfeffer, Petersilie und der restlichen Rahm-Ei-Mischung fortfahren. Mit Kartoffeln abschließen. Restliche Petersilie darüberstreuen. Nochmals salzen und pfeffern.

Semmelbrösel darauf verteilen. Butterflöckchen daraufsetzen. 30 Min. überbacken.

Fischknödel **

Man kann diese Knödel als Einlage in einer Gemüsebrühe oder Fischbrühe, aber auch mit einer Pilzsauce oder mit einer Sardellen-Rahm-Sauce essen.

300 g gekochtes Fischfleisch
1 Semmel
1 Zwiebel
1 Knoblauchzehe
1 Bund Dill
1 Ei
Salz
Pfeffer
1–2 EL Semmelbrösel

Fischfleisch sehr fein hacken. Semmel in lauwarmem Wasser einweichen, ausdrücken und zum Fischfleisch geben.

Zwiebel und Knoblauch schälen, Zwiebel in die Fisch-Semmel-Masse reiben, Knoblauch durch die Knoblauchpresse in den Teig drücken.

Dill waschen, trockentupfen, fein schneiden und ebenfalls dazugeben. Mit Ei, Salz und Pfeffer den Teig gut durcharbeiten. So viel Semmelbrösel untermischen, daß ein fester Knödelteig entsteht.

In einem großen Topf reichlich Wasser zum Kochen bringen. Aus dem Teig mittelgroße Knödel formen und ins kochende Wasser einlegen. 10–12 Min. bei schwacher Hitze mehr ziehen als kochen lassen.

Steckerlfische **

An der Donau und anderen Flüssen des Landes bereiteten sich die Fischer aus dem weniger wertvollen Fang (Weißfischen) Steckerlfische, die sie über offenem Feuer brieten. Was heute an Straßen und auf Märkten als Steckerlfisch angeboten wird, sind meist Makrelen. Man kann sie bei einem Picknick oder im Garten auch selbst zubereiten.

4 Makrelen
Salz
Pfeffer
4 EL Öl
4 Lorbeerblätter
etwas Zitronensaft

Holzkohlenglut vorbereiten.

Die gut ausgewaschenen Fische innen und außen salzen und mit Pfeffer bestreuen. Jeden Fisch der Länge nach auf einen angespitzten Stecken aus weichem Holz spießen. Mit etwas Öl beträufeln. In jeden Fisch ein Lorbeerblatt legen.

Einige frische Holzstöckchen auf die Glut legen, damit sich Rauch entwickelt. Die Fische unter häufigem Drehen der Stecken in etwa 20 Min. braun und knusprig werden lassen. Zwischendurch mit Öl und Zitronensaft beträufeln.

Steckerlfische heiß mit frischem Brot essen.

NUSSNUDELN *

Das Rezept verrät wie so viele Mehlspeisen den Einfluß der böhmischen Küche. Zur Zeit der Donaumonarchie, zumal im 19. Jahrhundert, kamen nicht nur tschechische Handwerker in die Haupt- und Residenzstadt, sondern auch unzählige Frauen und Mädchen, die sich als Köchinnen und Dienstmädchen verdingten. So ist die Wiener Mehlspeisenküche vor allem durch Einflüsse aus dem Nachbarland im Norden geprägt.

250 g Bandnudeln (Rezept S. 105 oder fertig gekauft)
Salz
50 g Walnüsse
50 g Butter oder Schmalz
1 EL Staubzucker

Bandnudeln in gesalzenem Wasser kochen, auf ein Sieb gießen, mit kaltem Wasser abschrecken und abtropfen lassen.

Walnüsse in der Nußmühle mahlen.

Butter oder Schmalz erhitzen, die Nudeln darin schwenken.

Gemahlene Walnüsse und Zucker vermischen und über die Nudeln streuen.

Auf die gleiche Weise werden auch Mohnnudeln zubereitet; dazu mischt man statt der Nüsse gemahlenen Mohn mit dem Staubzucker.

GRIESSNUDELN *

Man bereitet dieses einfache Gericht mit hausgemachten (Rezept S. 105) oder fertig gekauften Bandnudeln.

250 g Bandnudeln
Salz
50 g Butter
2 EL Grieß
4 EL Milch
1 TL Zimt
1 EL Zucker

Bandnudeln in Salzwasser kochen, auf ein Sieb gießen, mit kaltem Wasser abschrecken und abtropfen lassen.

Butter erhitzen, den Grieß darin goldgelb rösten, Milch angießen und den Grieß 5 Min. quellen lassen.

Nudeln dazugeben und alles gut durchmischen.

Man kann die Grießnudeln statt mit Zimt und Zucker auch mit Salz, Muskat und gehackter Petersilie würzen.

Topfenfleckerl **

250 g Fleckerl (Rezept S. 105)
Salz
60 g Butter
1 Ei
1 ½ EL Staubzucker
125 g Quark (Topfen)
20 g Rosinen
1 Prise Zimt
3 EL Semmelbrösel
⅛ l Milch
1 Eidotter

Fleckerl in Salzwasser nicht zu weich kochen, auf ein Sieb gießen, kalt abschrecken und abtropfen lassen.

20 g Butter, Ei und 1 Eßlöffel Staubzucker in einer Schüssel gut verrühren, die gekochten Fleckerl und den Topfen untermischen.

Backofen auf 200° C vorheizen.

Rosinen waschen, abtropfen lassen und auf Küchenpapier abtrocknen. Mit dem Zimt unter die Fleckerl mischen.

Eine feuerfeste Form mit 20 g Butter ausstreichen und mit 1 Eßlöffel Semmelbröseln bestreuen. Die Topfenfleckerl hineingeben.

Milch, Eidotter und restlichen Staubzucker verquirlen und über den Fleckerlteig gießen. Mit den übrigen Semmelbröseln bestreuen, restliche Butter in kleinen Flocken darauf verteilen.

25–30 Min. im Ofen überbacken.

Süsser Nudelauflauf **

Auch dieser Nudelauflauf schmeckt am besten mit hausgemachten Bandnudeln oder Fleckerln (Rezept S.105).

1 l Milch
250 g Bandnudeln
50 g Butter
50 g Zucker
3 Eier, getrennt
1 Päckchen Vanillinzucker
1 EL Rosinen
Fett für die Form

Milch zum Kochen bringen, die Bandnudeln hineingeben, umrühren. Die Nudeln in 10–12 Min. garen.

Backofen auf 200° C vorheizen.

Butter und Zucker schaumig rühren, Eidotter und Vanillinzucker untermischen. Das Ganze unter die Milchnudeln rühren.

Rosinen waschen, abtropfen lassen und auf Küchenpapier trocknen. Eiweiße zu festem Schnee schlagen. Rosinen und Eischnee vorsichtig unter den Teig heben.

Feuerfeste Form mit Fett bestreichen, die Teigmasse hineinfüllen. 30 Min. im Backofen backen.

Dazu schmeckt ein Kompott aus Äpfeln oder Zwetschgen.

NUSSPALATSCHINKEN **

Palatschinken gehören zu den Lieblingsmehlspeisen der Wiener, aber auch der böhmischen wie der ungarischen Küche.

200 g Mehl
Salz
2 Eier
knapp ½ l Milch
60 g Butter oder Schmalz
Füllung:
60 g Walnüsse
Staubzucker zum Bestreuen

Aus Mehl, Salz, Eiern und Milch einen flüssigen Teig rühren. 20 Min. ausquellen lassen.

Wenig Fett in einer Pfanne erhitzen und jeweils nur so viel Teig hineingeben und über den Pfannenboden verlaufen lassen, daß eine dünne Palatschinke entsteht. Auf beiden Seiten ganz kurz backen (nicht braun werden lassen). Nach und nach 10 bis 12 Stück braten und warmhalten.

Walnüsse in der Nußmühle mahlen. Auf jeder Palatschinke einen Teelöffel voll verteilen und dann einrollen. Die Rollen mit Staubzucker bestreuen.

Man kann die Palatschinken auch zuerst mit Marillenmarmelade bestreichen, einrollen und mit einer Mischung aus gemahlenen Nüssen und Staubzucker bestreuen.

Elisabeth Wagner-Bacher

Köchin und Wirtin in ihrem »Landhaus Bacher«
Jahrgang 1953
Geboren in Mautern an der Donau/Wachau

Wenn Sie zwei Wochen lang jeden Tag das gleiche essen müßten, wofür würden Sie sich entscheiden?
Gemüsesuppe in jeder Variation.

Auf welchen kulinarischen Luxus können Sie mühelos verzichten?
Auf Fleisch.

Was war Ihre Leibspeise in der Kindheit?
Kalbsschnitzel und Forelle gebraten.

Was sind für Sie die drei Grundbestandteile der österreichischen Küche?
Suppen, Mehlspeisen (Germ/Topfen), Beilagen (Knödel, Fleckerl).

Hätten Sie nur eine ganz schmale Rente: Wovon würden Sie sich vor allem ernähren?
Von Gemüse, Erdäpfeln, Reis.

Sinnlose Verschwendung: Woran denken Sie da im Bereich Essen und Trinken?
Ans Büffet – was Gäste auf ihre Teller laden.

Welches ist für Sie das beste klassische Gericht Ihrer Heimat?
Marillenknödel.

Was ist der schlimmste gastronomische Brauch des 20. Jahrhunderts?
Fast food.

Bei welchem Essensduft werden Sie schwach?
Bei weißen Piemont-Trüffeln.

Sie bereiten ein Liebesmenü für zwei, das sich auch ein Student oder Lehrling leisten könnte. Was gibt es zu essen, was gibt es zu trinken?
Riesling Smaragd aus der Wachau.

Welches österreichische Gericht ist zu Unrecht vergessen?
Bruckfleisch.

Wenn Sie in Österreich authentisch, einfach, gut und preiswert essen wollen. Wo gehen Sie hin?
In einen Landgasthof im Waldviertel.

Topfenpalatschinken **

Palatschinken auf dieselbe Weise bereiten wie im vorigen Rezept beschrieben.

10–12 Palatschinken
Füllung:
200 g Quark (Topfen)
3 EL Sauerrahm
1 EL Staubzucker
1 EL Rosinen
abgeriebene Zitronenschale
1 Eidotter

Palatschinken warmhalten.

Quark in einem Tuch gut ausdrücken, damit er trocken wird. Mit Sauerrahm und Staubzucker verrühren.

Rosinen waschen, abtropfen lassen und auf Küchenpapier trocknen.

Rosinen und Zitronenschale sowie den Dotter unter die Füllung ziehen. Die Palatschinken damit bestreichen und einrollen.

Man kann auch 1 Eiweiß zu steifem Schnee schlagen und unter die Creme mischen. Wer das Ei lieber nicht roh verzehren möchte, legt die gefüllten und aufgerollten Palatschinken auf eine feuerfeste, mit Butter eingefettete Platte. Etwas warme Milch angießen und im Backofen 20 Min. überbacken.

MILLIRAHMSTRUDEL ***

Milchrahmstrudel

Am perfekten Milchrahmstrudel erweist sich, ob man bereits die höheren Weihen der österreichischen Mehlspeisküche hat.

Strudelteig von 250 g Mehl
(Rezept S. 115)
Füllung:
3 altbackene Semmeln
Milch zum Einweichen
100 g Butter
4 EL Zucker
4 Eier, getrennt
abgeriebene Zitronenschale
4 EL Sauerrahm
Salz
50 g Rosinen
¼ l Milch
Staubzucker zum Bestreuen

Strudelteig bereiten und rasten lassen.

Für die Füllung Semmeln in lauwarmer Milch einweichen.

50 g Butter mit Zucker schaumig rühren, Eidotter, Zitronenschale, Sauerrahm und etwas Salz zugeben.

Rosinen waschen, abtropfen lassen, auf Küchenpapier abtrocknen.

Semmeln gut ausdrücken, mit einer Gabel fein zerkleinern oder passieren und unter die Masse rühren.

Backofen auf 180° C vorheizen.

Eiweiß zu steifem Schnee schlagen und unter die Masse heben.

Strudelteig wie beschrieben auf bemehltem Tuch ausziehen.

Die Füllung auf zwei Dritteln des Strudels verstreichen. Rosinen daraufstreuen. Seiten einklappen und den Strudel aufrollen.

30 g Butter schmelzen und den Strudel damit bestreichen.

Backblech oder Pfanne mit der restlichen Butter ausstreichen, den Strudel hineingleiten lassen. 25 Min. im Backofen backen.

Milch um den Strudel gießen und ihn noch weitere 10–15 Min. weiterbacken, bis er goldgelb ist.

Strudel herausnehmen und in größere Rechtecke (5 cm) schneiden. Staubzucker darüberstreuen.

Altwiener Apfelstrudel ***

Zum Apfelstrudel verwendet man feste, säuerliche Äpfel – Strudeläpfel eben.

Strudelteig von 250 g Mehl
(Rezept S. 115)
Füllung:
1500 g Äpfel
etwas Zitronensaft
100 g Butter
100 g Semmelbrösel
100 g Rosinen
50 g Walnüsse
3 EL Zucker
1 TL Zimt
Staubzucker zum Bestreuen

Strudelteig bereiten und rasten lassen.

Äpfel waschen, halbieren, Blüte, Stielansatz und Kerngehäuse ausschneiden. Äpfel in Stücke schneiden oder auf der groben Reibe raspeln. Mit Zitronensaft beträufeln.

50 g Butter zerlassen und die Semmelbrösel darin rösten. Rosinen waschen, abtropfen lassen und auf Küchenpapier abtrocknen. Walnüsse grob hacken.

Backofen auf 200° C vorheizen.

Strudel wie beschrieben auf bemehltem Tuch ausziehen.

30 g Butter schmelzen und gleichmäßig auf dem Teig verteilen. Geröstete Semmelbrösel und geschnittene oder geraspelte Äpfel auf zwei Drittel des Teigs streuen. Rosinen und Nüsse darauf verteilen. Nach Geschmack und Süße der Äpfel Zucker und Zimt darüberstreuen.

Strudel einrollen. Restliche Butter auf dem Backblech oder in der Pfanne verstreichen. Den Strudel daraufgleiten lassen. Im Backofen 30–35 Min. hellbraun backen.

Strudel in Portionsstücke schneiden und mit Staubzucker bestreuen.

KIRSCHENSTRUDEL ***

Nach dem Rezept für Kirschenstrudel kann auch der Strudel mit Weichseln (Sauerkirschen) zubereitet werden; allerdings gibt man etwas mehr Zucker dazu.

Strudelteig von 250 g Mehl
(Rezept S. 115)
Füllung:
1500 g Kirschen
70 g Butter
70 g Semmelbrösel
¼ l Sauerrahm
2 EL Zucker
Staubzucker zum Bestreuen

Strudelteig wie angegeben bereiten und rasten lassen.

Kirschen waschen und entsteinen. 40 g Butter erhitzen, die Semmelbrösel darin knusprig rösten.

Backofen auf 200°C vorheizen.

Strudel wie angegeben auf bemehltem Tuch ausziehen. Auf zwei Dritteln des Teigs Sauerrahm verstreichen. Semmelbrösel darüberstreuen. Kirschen darauf verteilen und mit Zucker bestreuen. Strudel an den Seiten einklappen und aufrollen.

Backblech oder Pfanne mit der restlichen Butter bestreichen. Den Strudel daraufgleiten lassen und im Backofen 35 Min. backen. In Portionsstücke schneiden und mit Staubzucker bestreuen.

Tiroler Strudel ***

Hier handelt es sich um keinen ausgezogenen Strudel, sondern um einen Germteigstrudel mit süßer Mandel-Rosinen-Füllung. Man nennt das traditionsreiche Gebäck für festliche Anlässe auch »Tiroler Schneck«. Wichtig ist, wie bei jedem Germteig, daß die Küche warm ist und kein Zug entsteht.

Teig:
30 g Hefe (Germ)
50 g Zucker
500 g Mehl
⅛ l Milch
100 g Butter
3 Eigelbe
1 Ei
1 Prise Salz
2 EL Rum

Füllung:
50 g Butter
125 g Zucker
½ TL Zimt
75 g gehackte Mandeln
75 g Rosinen
40 g Orangeat (Arancini)
3 getrocknete Feigen
Mehl zum Ausrollen
Fett für die Form
Staubzucker zum Bestreuen

Aus Hefe, 1 Teelöffel Zucker und 2 Teelöffel Mehl und 2–3 Eßlöffel handwarmer Milch ein Dampfel (Vorteig) ansetzen. Zugedeckt 10 Min. aufgehen lassen.

Weiche Butter mit 40 g Zucker, Eigelben und Ei schaumig rühren. Salz und Rum sowie nach und nach Mehl zugeben. Warme Milch einrühren und den Teig zusammen mit dem Dampfel zu einem geschmeidigen Hefeteig verarbeiten. So lange mit einem Holzlöffel schlagen, bis er Blasen wirft. Zugedeckt 15–20 Min. gehen lassen.

Backofen auf 200° C vorheizen.

Für die Füllung Butter schmelzen und mit Zucker, Zimt und Mandeln verrühren.

Rosinen waschen, abtropfen lassen und auf Küchenpapier abtrocknen. Orangeat und Feigen fein hacken. Die Früchte zur Füllung geben.

Aufgegangenen Teig nochmals durchkneten und auf der mit Mehl bestreuten Arbeitsplatte zu einem Rechteck von 30 x 40 cm ausrollen. Füllung daraufstreichen und den Teig von der Breitseite aufrollen.

Kranzform mit Butter ausstreichen, den aufgerollten Strudel hineinlegen und die Enden zusammendrücken.

Im Backofen 50 Min. backen.

Herausnehmen und mit Staubzucker bestreuen. Kann warm oder kalt mit Milchkaffee oder Kompott aufgetischt werden.

Mohn- und Nussstrudel aus Germteig ***

Zu festlichen Gelegenheiten wie Weihnachten oder Kirtag (Kirchweihfest) werden im Osten Österreichs sowohl Mohn- als auch Nußstrudel gebacken; man sollte also je nach Bedarf gleich die doppelte Menge Germ-Strudelteig herstellen.

Teig:
30 g Hefe (Germ)
knapp ¼ l Milch
50 g Zucker
400 g Mehl
75 g Butter
1 Ei
1 Eidotter
abgeriebene Zitronenschale
Salz

Füllung:
250 g gemahlener Mohn
¼ l Milch
50 g Zucker
abgeriebene Zitronenschale
Mehl für die Arbeitsplatte
Fett für das Backblech
Eigelb zum Bestreichen

Hefe in lauwarmer Milch unter Zugabe von je 1 Teelöffel Zucker und Mehl verrühren. 10 Min. stehen lassen.

Aus dem restlichen Mehl, dem übrigen Zucker, der Butter, Ei, Eidotter, Zitronenschale und Salz sowie der gelösten Hefe einen Hefeteig bereiten. So lange mit dem Holzlöffel schlagen, bis der Teig Blasen wirft. 20 Min. zugedeckt ruhen lassen.

Backofen auf 180 ° C vorheizen.

Für die Füllung gemahlenen Mohn in die Milch rühren, mit Zucker und Zitronenschale zum Kochen bringen. Die Masse soll gerade streichfähig sein.

Teig auf der bemehlten Arbeitsplatte etwa fingerdick ausrollen, die Mohnmasse daraufstreichen, den Strudel von der Längsseite aufrollen.

Backblech einfetten. Strudel vorsichtig darauflegen.

Eigelb mit etwas Wasser verrühren, den Strudel damit bestreichen.

In den Backofen schieben und 35–40 Min. backen.

Für die Nußfüllung werden 250 g gemahlene Walnüsse oder Haselnüsse mit 100 g Zucker, Zitronenschale, etwa ¼ l Milch und etwas Rum zum Kochen gebracht und unter Rühren so weit eingekocht, daß sich die Masse gut auf den Teig streichen läßt. Statt der Mohnfüllung auf dem Strudelteig verteilen.

POWIDLTASCHERL ***

Teigtaschen mit Zwetschgenmus

Die mit Powidl, wie das Zwetschgenmus im Böhmischen heißt, gefüllten Tascherl gehören zu den süßen gekochten Mehlspeisen und entstammen natürlich der böhmischen Küche.

Teig:
300 g Mehl
Salz
3–4 EL Milch
1 Ei
Mehl zum Ausrollen

Füllung:
Zwetschgenmus (Powidl)
60 g Butter
2 EL Zucker
½ TL Zimt

Aus Mehl, Salz, Milch und Ei einen festen Teig kneten (wenn nötig noch etwas Milch dazugeben).

Auf der mit Mehl bestreuten Arbeitsplatte ausrollen. Teigplatte in Quadrate von etwa 8 cm Seitenlänge schneiden. Auf jedes Quadrat 1 Teelöffel Zwetschgenmus geben, zu Taschen zusammenklappen und die Teigränder fest andrücken.

Reichlich Wasser mit etwas Salz zum Kochen bringen, die Taschen einlegen und so lange kochen, bis sie an die Oberfläche steigen.

Mit dem Schaumlöffel herausnehmen, abtropfen lassen und auf einer Platte anrichten.

Butter zerlassen, Zucker und Zimt mischen. Geschmolzene Butter und die Zucker-Zimt-Mischung auf den Powidltascherln verteilen.

Buchteln aus Erdäpfelteig **

Rohrnudeln aus Kartoffelteig

500 g Kartoffeln
30 g Hefe
⅛ l Milch
150 g Zucker
Salz
60 g Schmalz oder Butter
100 g Mehl
100 g Grieß
100 g Zwetschgenmus
Mehl für die Arbeitsplatte
Fett für die Form und zum Bestreichen

Kartoffeln in der Schale kochen, abziehen, abkühlen lassen.

Hefe in die leicht erwärmte Milch bröckeln, einen Teelöffel Zucker dazugeben; an einem warmen Platz aufgehen lassen.

Kartoffeln in eine Schüssel reiben, wenig salzen. Übrigen Zucker dazugeben. Fett zerlassen und darübergießen. Beides unterrühren. Mehl und Grieß mischen und mit der aufgegan-

genen Hefe (Dampfel) ebenfalls zugeben. Alles zu einem glatten Teig aufschlagen.

Ein Tuch über die Schüssel decken und den Teig an einem warmen Platz 20 Min. gehen lassen.

Backofen auf 190° C vorheizen.

Den Teig auf der bemehlten Arbeitsplatte noch einmal durchkneten und zu einer Rolle (ca. 5 cm Durchmesser) formen. Etwa 3 cm dicke Scheiben abschneiden; jede auseinanderdrücken, etwa 1 Teelöffel Zwetschgenmus hineinfüllen, die Scheibe über der Füllung schließen und zu einer Kugel formen.

Eine Springform oder rechteckige Backpfanne gut mit Schmalz oder Butter ausstreichen, die Kugeln nebeneinander hineinsetzen.

Etwas Butter zerlassen und die Buchteln damit bestreichen.

Zugedeckt noch eine Viertelstunde gehen lassen.

Form in den Backofen stellen, die Buchteln in etwa 30 Min. goldbraun backen.

Buchteln schmecken zum Häferlkaffee besonders fein.

TOPFENBUCHTELN ***

Rohrnudeln mit Quarkfüllung

Süße Mehlspeisen wie diese werden in der Wiener Küche nicht nur zum Tee oder Kaffee verzehrt, sondern bilden, zusammen mit einer kräftigen Suppe, eine komplette Mittagsmahlzeit.

Teig:
½ l Milch
2 EL Zucker
30 g Hefe (Germ)
700 g Mehl
1 Ei
150 g Schmalz oder Butter
Salz

Füllung:
250 g Quark (Topfen)
50 g Zucker
1 Ei
Salz

Mehl für die Arbeitsplatte
Zucker zum Bestreuen

Milch erwärmen. Zucker und zerbröckelte Hefe in ⅛ l Milch geben und an einem warmen Platz aufgehen lassen.

Mehl in eine Schüssel geben, in der Mitte eine Vertiefung machen, Ei, 100 g weiches Fett und etwas Salz hineingeben. Aufgegangene Hefe sowie die restliche Milch zufügen und die Zutaten kräftig aufschlagen, bis ein glatter Teig entsteht, der Blasen wirft.

Für die Füllung Quark in einem Tuch ausdrücken und mit Zucker, Ei und Salz glatt rühren.

Auf der mit Mehl bestreuten Arbeitsplatte den aufgegangenen Teig noch einmal durchkneten und zu einem etwa 2 cm dicken Rechteck ausrollen, dieses in Quadrate von etwa 5 cm Seitenlänge schneiden.

Auf jedes Quadrat 2 Teelöffel Füllung geben und zuklappen. An den Rändern fest zusammendrücken.

Restliches Schmalz oder Butter zerlassen. Die Buchteln damit rundherum bestreichen und mit der Naht nach unten dicht nebeneinander aufrecht in eine Backpfanne legen. Die Pfanne zugedeckt an einen warmen Platz stellen, Buchteln mindestens 40 Min. gehen lassen.

Backofen auf 190° C vorheizen.

Pfanne in den Backofen stellen und die Buchteln etwa 30–35 Min. backen.

Pfanne herausnehmen, die Buchteln auf ein Brett stürzen und mit Zucker bestreut anrichten.

Dukatenbuchteln mit Kanarimilch ***

Kleine Rohrnudeln mit Kanarienvogelmilch

Dukatenbuchteln sind kleiner und feiner als die gewöhnlichen Buchteln. Außerdem wertet man sie noch zusätzlich mit der Kanarimilch (Vanillecreme) auf.

¼ l Milch
30 g Hefe (Germ)
500 g Mehl
1 Ei
1 Eidotter
70 g Butter
70 g Zucker
Salz
abgeriebene Zitronenschale
Zwetschgenmus (Powidl) zum Füllen
Mehl für die Arbeitsplatte
Fett für die Form und zum Bestreichen

Kanarimilch:
1 Eidotter
¼ l Milch
1 Päckchen Vanillinzucker
1 EL Zucker

Milch erwärmen. Zerbröckelte Hefe in ⅛ l Milch mit 1 Teelöffel Mehl bestreut warmstellen und aufgehen lassen.

Übriges Mehl in eine Schüssel geben, in der Mitte eine Vertiefung machen, aufgegangene Hefe (Dampfel), Ei, Eidotter, weiche Butter, Zucker, Salz und Zitronenschale zugeben und alles zu einem geschmeidigen Teig aufschlagen. 30 Min. zugedeckt an einem warmen Platz gehen lassen.

Backofen auf 190° C vorheizen.

Auf der bemehlten Arbeitsplatte eine Rolle (3 cm Durchmesser) formen, 2 cm dicke Scheiben davon abschneiden. Auf jede Scheibe etwas Zwetschgenmus geben, sie darüber schließen und eine Kugel formen.

Backform gut ausfetten. Die Dukatenbuchteln dicht nebeneinander hineinsetzen. Mit etwas geschmolzener Butter bestreichen. Zugedeckt 25 Min. gehen lassen.

Backform in den Backofen setzen und die Buchteln 25–30 Min. backen.

Für die Kanarimilch Eidotter kräftig aufschlagen, die Milch nach und nach zugießen, über Wasserdampf weiterschlagen, bis die Creme schaumig ist. Vanillinzucker und Zucker zugeben. Heiß zu den Dukatenbuchteln essen.

TOPFEN-KOLATSCHEN ***

Hefeteigstücke mit Quark

Teig:
¼ l Milch
30 g Hefe (Germ)
500 g Mehl
1 Ei
1 Eidotter
70 g Butter
70 g Zucker
Salz
abgeriebene Zitronenschale

Füllung:
50 g Butter
250 g Quark (Topfen)
100 g Zucker
1 Ei, getrennt
abgeriebene Zitronenschale
2 EL Rosinen

Mehl für die Arbeitsplatte
Fett für das Blech

Germteig bereiten, wie er bei den Dukatenbuchteln (Rezept S. 198) beschrieben ist.

Für die Füllung Butter und Quark gut verrühren, Zucker, Eidotter und Zitronenschale daruntermischen.

Rosinen waschen, abtropfen lassen und trockentupfen. Eiweiß zu steifem Schnee schlagen. Beides unter die Füllung heben.

Den inzwischen aufgegangenen Germteig auf der bemehlten Arbeitsplatte noch einmal durchkneten und zu einem ½ cm dicken Rechteck ausrollen. Quadrate von 12 cm Seitenlänge schneiden. Auf jedes 1 Eßlöffel von der Füllung geben. Alle vier Teigecken so weit darüberklappen, daß in der Mitte die Füllung sichtbar bleibt.

Backblech einfetten und die Kolatschen daraufsetzen. 20 Min. gehen lassen.

Backofen auf 190° C vorheizen.

Backblech in den Ofen schieben, Kolatschen 25–30 Min. backen.

GRIESSSCHMARREN **

Zum vielgeliebten Schmarren ißt man mit Vorliebe Zwetschgenröster, ein Kompott aus süßen, reifen Zwetschgen; es wird mit wenig Zucker, Zimtstangen und Gewürznelken nur so lange gekocht, daß die Zwetschgen nicht zerfallen.

½ l Milch
100 g Butter
Salz
200 g Grieß
50 g Rosinen
2 EL Zucker
1 TL Zimt

Milch mit 50 g Butter und Salz zum Kochen bringen. Grieß einrieseln und bei schwacher Hitze ausquellen lassen.

Backofen auf 220° C vorheizen.

Rosinen waschen und abtropfen lassen. Mit 1 Eßlöffel Zucker unter den Grießbrei rühren.

Restliche Butter in einer feuerfesten Form schmelzen. Grießmasse darin verteilen und die Form in den Backofen stellen. Von Zeit zu Zeit die Masse mit einer Gabel zerreißen, wenden und die Stücke leicht bräunen lassen.

Restlichen Zucker mit Zimt mischen und über den fertig gebackenen Schmarren streuen.

Semmelschmarren **

5 altbackene Semmeln
¼ l Milch
2 EL Zucker
1 Päckchen Vanillinzucker
Salz
2 Eier, getrennt
40 g Rosinen
50 g Butter oder Schmalz

Semmeln in Scheiben schneiden und in eine Schüssel geben.

Milch, Zucker, Vanillinzucker, Salz und Eidotter mit dem Schneebesen gut verrühren und über die Semmelscheiben gießen. 20 Min. stehen lassen.

Backofen auf 190° C vorheizen.

Rosinen waschen, abtropfen lassen und trockentupfen. Eiweiß zu steifem Schnee schlagen.

Die gut durchgeweichten Semmeln zu einem Teig verrühren. Eiweiß und Rosinen darunterheben.

Fett in einer Backform schmelzen. Die Semmelmasse hineingießen, die Form in den Backofen stellen. 25–30 Min. backen; zwischendurch den Schmarren mehrmals mit einer Gabel zerreißen und die Stücke wenden.

Zum goldbraunen Semmelschmarren gibt es Apfelkompott.

TÜRKENMEHLSCHMARREN **

Maismehlschmarren

Türkischen Weizen nannte man vielerorts im Osten Österreichs den Mais; die gemahlenen Maiskörner verwendete man oft als Ersatz für Weizen- oder Buchweizenmehl.

3/8 l Milch
250 g Maisgrieß
Salz
2 Eier, getrennt
1 EL Honig
60 g Butter oder Schmalz

Milch erhitzen, den Maisgrieß zugeben, umrühren und bei schwacher Hitze in etwa 40 Min. ausquellen lassen. Abkühlen lassen.

Backofen auf 220° C vorheizen.

Maisbrei mit Salz, Eidottern und Honig verrühren.

Eiweiß zu steifem Schnee schlagen und unterheben.

Fett zerlassen. Die Hälfte davon in eine Backform geben. Die Maismasse darin verteilen, das restliche Fett darüberträufeln.

Die Form in den Backofen stellen und den Schmarren 30 Min. backen. Zwischendurch mit der Gabel zerreißen und wenden.

Früher aß man ein Kompott aus getrockneten Zwetschgen oder Birnenkompott zum Schmarren; heute bereitet man ein Zwetschgenkompott nach Geschmack aus frischen, eingekochten oder tiefgekühlten Zwetschgen.

Kaiserschmarren **

Als der Feinste aller Schmarren gilt auch im republikanischen Österreich der Kaiserschmarren, dessen wichtigste Zutat die Eier sind.

200 g Mehl
2 Msp. Weinsteinbackpulver
4 Eier, getrennt
50 g zerlassene Butter
2 EL Zucker
Salz
¼ l Milch
100 g Rosinen
50 g Butter zum Backen
½ TL Zimt

Mehl und Backpulver mit den Eidottern, zerlassener Butter, 1 Eßlöffel Zucker und Salz verrühren. Nach und nach Milch zugießen und unterrühren. Den Teig 10 Min. stehen lassen. Rosinen waschen, abtropfen lassen und trockentupfen. Eiweiß zu sehr steifem Schnee schlagen. Butter in einer schweren Pfanne erhitzen. Eiweiß unter den Teig heben, Rosinen untermischen.

Teig ins heiße Fett gießen. Unterseite goldgelb werden lassen. Vorsichtig wenden, bis auch die zweite Seite Farbe bekommt. Mit zwei Gabeln den Pfannkuchen in Stücke reißen und diese leicht knusprig werden lassen.

Restlichen Zucker und Zimt mischen und über den Schmarren streuen.

Mit gedünsteten Sauerkirschen (Weichseln) schmeckt der Kaiserschmarren besonders fein.

Topfenknödel mit Brombeeren ***

Quarkknödel mit Brombeeren

150 g frische oder tiefgekühlte Brombeeren
50 g Butter
2 Eier
Salz
1 TL Zucker
250 g Quark (Topfen)
2 EL Semmelbrösel
1 EL Grieß
2 EL gemahlener Mohn
1 EL Staubzucker

Brombeeren waschen, abtropfen lassen und trockentupfen, tiefgefrorene Beeren auftauen lassen.

Butter und Eier mit Salz und Zucker verrühren.

Quark in einem Tuch ausdrücken, damit er sehr trocken ist. Quark, Semmelbrösel und Grieß zur Butter-Eier-Masse geben und den Teig gut durchmischen. Falls er zu weich ist, um Knödel daraus zu formen, noch Semmelbrösel zugeben. Teig etwas ruhen lassen.

In einem großen Topf reichlich Wasser mit etwas Salz zum Kochen bringen.

Jeweils ein kleines Teigstück in der Hand auseinanderdrücken, 3 Brombeeren hineinlegen, den Teig schließen und zu einem schönen, runden Knödel drehen. Weitere mit Brombeeren gefüllte Knödel formen, bis der Teig aufgebraucht ist.

Knödel ins kochende Wasser einlegen und mit dem Kochlöffel vorsichtig vom Boden lösen. Knödel etwa 7–8 Min. mehr ziehen als kochen lassen. Sobald sie nach oben steigen, den Topf von der Kochstelle ziehen und nach weiteren 2 Min. die Knödel herausheben und abtropfen lassen.

Mohn und Staubzucker mischen und die Knödel dick damit bestreuen.

Man kann auch andere Früchte in die Knödel füllen, zum Beispiel Erdbeeren, Sauerkirschen (Weichseln) ohne Kerne oder Aprikosen (Marillen), bei denen der Kern durch ein Stück Würfelzucker ersetzt wird.

Marillenknödel ***

Aprikosenknödel

Die besten österreichischen Marillen kommen aus der Wachau, und eben dort kocht man auch mit Vorliebe Marillenknödel.

500 g in der Schale gekochte Kartoffeln
125 g Mehl
1 EL Grieß
1 Ei
75 g Butter
Salz
12–15 Aprikosen (Marillen)
12–15 Stück Würfelzucker
75 g Semmelbrösel

Kartoffeln abziehen und reiben oder durchdrücken. Mehl, Grieß, Ei, 20 g weiche Butter und Salz zufügen. Zutaten zu einem weichen Teig verkneten. Etwas ruhen lassen.

Aprikosen waschen, abtrocknen und entsteinen; in jede Frucht ein Stück Würfelzucker geben.

In einem großen Topf Wasser zum Kochen bringen und salzen.

Aus dem Teig 12–15 Knödel formen. Dazu jeweils ein kleines Teigstück in der Hand auseinanderdrücken und eine Aprikose hineinlegen. Den Teig um die Frucht schließen und einen schönen, runden Knödel daraus formen. Knödel ins kochende Wasser einlegen und mit dem Kochlöffel vom Boden lösen. 10–12 Min. mehr ziehen als kochen lassen.

Restliche Butter erhitzen. Semmelbrösel darin unter Rühren leicht rösten.

Knödel aus dem Wasser heben, abtropfen lassen und in Semmelbröseln wälzen.

Germknödel mit Mohn und Powidl ***

Hefeknödel mit Mohn und Zwetschgenmus

⅛ l Milch
15 g Hefe (Germ)
1 TL Zucker
250 g Mehl
1 Ei
Salz
40 g Butter
80 g Zwetschgenmus (Powidl)
25 g Schmalz
50 g gemahlener Mohn
2 EL Staubzucker

Milch leicht erwärmen, Hefe hineinbröckeln, Zucker einrühren und die Hefe an einem warmen Platz gehen lassen.

Mehl (bis auf einen kleinen Rest) in eine Schüssel geben, in die Mitte eine Vertiefung drücken, Ei, Salz, 20 g weiche Butter und die aufgegangene Hefe hineingeben. Zutaten zu einem glatten Teig verarbeiten. Zugedeckt an einem warmen Platz 20 Min. gehen lassen.

Teig auf der mit dem restlichen Mehl bestreuten Arbeitsplatte kurz durchkneten und in 8–10 gleich große Stücke teilen. Jedes Stück auseinanderdrücken und 1 Teelöffel Zwetschgenmus hineingeben. Teigstücke schließen und zu glatten Knödeln formen. Knödel an einem warmen Platz zugedeckt 20 Min. gehen lassen.

In einem großen Topf reichlich Wasser zum Kochen bringen, salzen. Die Knödel einlegen (nicht zu viele auf einmal, da sie noch aufgehen). 8 Minuten mehr ziehen als kochen lassen. Dabei nicht ganz zudecken. Knödel umdrehen, mit einer Nadel zweimal einstechen und in weiteren 5–7 Min. garen.

Restliche Butter und Schmalz erhitzen. Mohn und Staubzucker mischen.

Knödel aus dem Wasser heben, abtropfen lassen. Mit heißem Fett übergießen und mit der Mohn-Zucker-Mischung bestreuen.

Birnenknödel mit Nüssen ***

Für diese Spezialität aus dem Waldviertel verwendet man feste Winterbirnen, die sich auch zum Lagern oder Einwecken eignen.

2 große Winterbirnen
1 EL Zucker
2 Gewürznelken
400 g Kartoffeln
80 g Mehl
80 g Grieß
20 g Schmalz
Salz
1 Ei
1 Msp. Zimt
100 g geriebene Walnüsse
1 EL Staubzucker

Birnen schälen und vierteln, Gehäuse ausschneiden. Mit wenig Wasser, Zucker und Gewürznelken 15 Min. kochen. Aus dem Sud nehmen, abtropfen und erkalten lassen.

Kartoffeln in der Schale kochen, noch heiß abziehen und fein zerstampfen oder durchdrücken. Mit Mehl, Grieß, Schmalz, Salz, Ei und Zimt zu einem Teig verkneten. Gekochte Birnen in kleine Stücke schneiden und unter den Teig mischen.

In einem großen Topf reichlich Wasser mit etwas Salz zum Kochen bringen.

Aus dem Teig kleine Knödel formen und ins kochende Wasser einlegen. 15 Min. mehr ziehen als kochen lassen.

Geriebene Walnüsse und Staubzucker vermischen.

Knödel aus dem Kochwasser heben, abtropfen lassen und mit der Nuß-Zucker-Mischung dick bestreuen.

Kärntner Reinling ***

⅜ l Milch
20 g Hefe
500 g Mehl
3 Eidotter
80 g Butter
1 EL Zucker
Salz
Mehl zum Ausrollen
Fett und Mehl für die Form
1 EL Hagelzucker
Füllung:
100 g Rosinen
100 g Zucker
1 TL Zimt

Milch erwärmen. In etwas lauwarme Milch Hefe einbröckeln und an einem warmen Platz 10 Minuten gehen lassen.

Mehl in eine große Schüssel geben, in der Mitte eine Vertiefung machen. Eidotter, zerlassene Butter, Zucker und Salz sowie die aufgegangene Hefe hineingeben, mit dem Mehl verarbeiten. Nach und nach die warme Milch zugießen. Alles zu einem glatten Teig verkneten. Diesen zugedeckt 30 Min. an einem warmen Platz gehen lassen.

Für die Füllung Rosinen waschen, abtropfen lassen und trockentupfen. Mit Zucker und Zimt mischen.

Den Teig nochmals durchkneten. Ein Tuch auf die Arbeitsplatte legen und mit Mehl bestreuen. Den Teig etwa 1 cm dick zu einem Rechteck ausrollen und mit den für die Füllung gemischten Zutaten bestreuen.

Eine Gugelhupfform gut ausfetten und mit Mehl ausstreuen.

Mit Hilfe des Tuchs den Teig aufrollen, die Rolle von beiden Enden her gegenläufig drehen und in die Form legen. Zugedeckt 30 Min. an einem warmen Platz gehen lassen.

Backofen auf 200° C vorheizen.

Gugelhupfform in den Ofen stellen. Reinling 45–50 Min. backen. Mit einer Nadel die Garprobe machen.

Wiener Gugelhupf **

Daß es zum Häferlkaffee oder einer Schale Melange nichts Feineres gibt als ein Stück Gugelhupf, das wußte auch Kaiser Franz Joseph, der eine besondere Vorliebe für dieses Traditionsgebäck hatte.

¼ l Milch
30 g Hefe (Germ)
500 g Weizenmehl
50 g Rosinen (Zibeben)
50 g Korinthen
125 g Butter
100 g Zucker
2 Eier
2 Eidotter
2 EL Rum
abgeriebene Zitronenschale
Salz
Fett und Mehl für die Form
Staubzucker zum Bestäuben

Milch erwärmen. Hefe in eine Tasse mit lauwarmer Milch bröckeln. 1 Teelöffel Mehl darüberstreuen. Hefemischung an einem warmen Platz aufgehen lassen. Rosinen und Korinthen waschen, abtropfen lassen und trockentupfen.

Das ganze übrige Mehl in eine Schüssel geben, in der Mitte eine Vertiefung machen. Butter zerlassen und mit Zucker, Eiern, Eidottern, Rum, Zitronenschale und etwas Salz zum Mehl geben, ebenso die aufgegangene Hefe sowie Rosinen und Korinthen und die restliche lauwarme Milch. Alles so lange durcharbeiten und schlagen, bis der Teig Blasen wirft.

Eine Gugelhupfform gut einfetten und mit Mehl bestäuben, zu zwei Dritteln mit dem Teig füllen und zugedeckt 30 Min. stehen lassen.

Backofen auf 200° C vorheizen.

Den Gugelhupf hineinstellen. Etwa 50 Min. backen. Mit einer Nadel die Garprobe machen. Form aus dem Ofen nehmen, den Gugelhupf auf ein Kuchengitter stürzen.

Abgekühlten Gugelhupf mit Staubzucker überpudern.

Germkranzel ***

Hefekranz

¼ l Milch
30 g Hefe
500 g Mehl
125 g Butter
100 g Zucker
2 Eier
2 Eidotter
2 EL Rum
Salz

Mehl zum Ausrollen
Fett für das Backblech
1 Eigelb zum Bestreichen
Füllung:
75 g Butter
100 g Rosinen
100 g Walnüsse oder Haselnüsse
100 g Zucker

Hefeteig wie für den Gugelhupf (aber ohne Rosinen und Korinthen) bereiten und zugedeckt aufgehen lassen.

Für die Füllung Butter zerlassen. Rosinen waschen, abtropfen lassen und trockentupfen. Nüsse in einer Pfanne ohne Fett von allen Seiten leicht rösten, dann grob hacken oder mahlen.

Hefeteig nochmals durchkneten und auf einem mit Mehl bestäubten Tuch zu einem ½ cm dicken, 60 x 30 cm großen Rechteck ausrollen. Zerlassene Butter auf den Teig streichen. Rosinen und Nüsse gleichmäßig daraufstreuen. Zucker über der Füllung verteilen. Den Teig der Länge nach mit Hilfe des Tuchs aufrollen. Die Rolle in der ganzen Länge durchschneiden und die Hälften umgekehrt eng aneinanderlegen, so daß die Schnittflächen außen sind. Von beiden Seiten her gegenläufig rollen (als ob man ein Wäschestück auswringt).

Backblech mit Fett bestreichen. Teigstück zu einem Kranz schließen und auf das Backblech legen. Zugedeckt an einem warmen Platz 20 Min. gehen lassen.

Backofen auf 200 °C vorheizen. Eigelb verrühren und auf den Kranz streichen. Backblech in den Ofen schieben und das Kranzel 45 Min. backen.

Kaffeetrinken in Österreich

Was wäre für den Österreicher, speziell den Wiener, der feinste Gugelhupf oder das knusprigste Kipferl ohne seine Schale Melange oder den Kleinen Braunen?

Kaffee und Kaffeehaus gehören zu Wien wie das Riesenrad und das Burgtheater. Seit Ende des 17. Jahrhunderts etablierten sich die ersten »Kaffeesieder« in der Stadt, Ende des 18. Jahrhunderts hatte Wien bereits 68 Kaffeehäuser. Viele von ihnen zählten außer einer stetig anwachsenden Zahl von Kaffeegenießern auch Künstler, Literaten, sogar Revoluzzer zu ihren Stammgästen.

Was Kaffeehäuser in Wien, aber auch in Baden, Bad Ischl, Salzburg und anderswo zu bieten haben?

Da gibt es den *Kleinen* und den *Großen Schwarzen* oder *Mokka*, also den Espresso in zweierlei Portionsgrößen. Zum *Kapuziner*, d.h. mönchskuttenbraun, wird der Mokka durch Zugabe von ganz wenig Milch. Ist der Mokka mit flüssiger Sahne (Obers) verfeinert, spricht man vom *Kleinen* oder *Großen Braunen*. Noch etwas heller als diese ist durch Ergänzung mit noch mehr Sahne eine *Schale Gold*, eine Tasse goldbraunen Kaffees; und bei weiterer Aufhellung spricht man vom *lichten* oder *weißen Kaffee*.

Ein *Einspänner* ist ein Mokka im Glas, der von einem Sahnehäubchen, sprich *Schlagobers* oder einfach *Schlag* gekrönt wird. Wer den Kaffee weniger stark, also »lang«, bevorzugt, der bestellt sich eine *Melange*, eine Mischung aus Kaffee und heißer Milch (halb und halb). Bevorzugte Gäste bekommen auf Wunsch eine »Melange mit Haut« (z.B. Leutnant Gustl bei Schnitzler).

Glossar

Bäckerei: Nicht nur der Arbeitsplatz eines Bäckers, sondern auch das Kleingebäck oder Teegebäck, das in österreichischen Haushalten vor allem zu Weihnachten (Weihnachtsbäckerei) eine wichtige Rolle spielt.

Bein: Knochen; Beinfleisch ist ein Stück vom Rind, das zusammen mit dem benachbarten Knochen gekocht wird. Im Wort Eisbein oder Beinscheibe ist diese Bedeutung von Bein ebenfalls enthalten.

Beugerl: Beliebtes Wiener Gebäck mit Nuß- oder Mohnfüllung, das seiner gebogenen Form den Namen verdankt.

Beusche(r)l: In der Mundart die Bezeichnung für Lunge, in der Küchensprache (meist in der Verkleinerungsform Beuscherl) ein Gericht, das aus gekochten, kleingeschnittenen Innereien, vor allem Herz und Lunge, besteht.

Blunzen, Plunzen: Blutwurst, wie sie vor allem auf Schlachtplatten zusammen mit Sauerkraut und Geselchtem angeboten wird; geht auf das mittelhochdeutsche blunsen (blähen) zurück.

Buchtel, Wuchtel: Vom böhmischen buchta abgeleitete Bezeichung für Hefegebäckstücke, die im Ofen gebacken werden, mit Marmelade gefüllt sind und in Süddeutschland Rohrnudeln heißen.

Dampfel: Aus Hefe, Milch, etwas Zucker und wenig Mehl bereiteter Vorteig (Gärprobe), der dem Hefeteig zugesetzt wird.

Debrecziner: Mit Paprika gewürzte, etwas fettere Würstel, benannt nach der ungarischen Stadt Debrecen.

Eierschwammerln: Pfifferlinge, die diese Bezeichnung wohl ihrer schönen dottergelben Farbe verdanken.

Einbrenn: In heißem Fett geröstetes Mehl, auch Mehlschwitze. Man unterscheidet die »lichte« und die »dunkle« Einbrenn; erstere wird für leichte Saucen und Frikassees, letztere zum Eindicken dunkler Suppen und Saucen verwendet, die einen kräftigen Röstgeschmack vertragen.

Eingemachtes: Gekochte Fleischstückchen in heller Sauce, z.B. Frikassee; Einmachsuppe ist eine Suppe mit Fleisch, die mit einer Einbrenn gebunden wird.

Erdäpfel: Alte deutsche Bezeichnung für Kartoffeln (die sich ja vom italienischen tartuffoli = Trüffeln herleiten lassen). Auch die alte Bezeichnung Krumbirn

(Grundbirne) ist in Österreich, vor allem im Burgenland, noch verbreitet.

Faschiertes: Hackfleisch, Gehacktes, das mit Vorliebe zu Braten oder Laibchen verarbeitet wird; faschieren bedeutet durch den Fleischwolf drehen.

Fisolen: Grüne Bohnen (mundartlich Bohnenschalen), bei denen die Schoten gegessen werden, ohne daß die Früchte ausgereift sind. Geht auf das mittelhochdeutsche visol, phasol und das lateinisch-griechische phaseolus für die grüne Gartenbohne zurück.

Fleckerln: Kleine, quadratische Teigstückchen aus Nudelteig, die man als Beilage oder Hauptgericht kocht und dabei mit anderen Zutaten (z. B. Krautfleckerln) kombiniert.

Frankfurter: Bezeichnung für die Würstel, die man anderswo Wiener nennt.

Fridatten, Frittaten: Als Suppeneinlage bereitete und in dünne Streifen geschnittene, ungesüßte Palatschinken, also sehr dünne Pfannkuchen; läßt sich auf das italienische Wort frittata = Eierkuchen zurückführen (hier wird der kulinarische Einfluß der italienischen Provinzen der Donaumonarchie deutlich).

Ganseljunges, Entenjunges: Gänse- bzw. Entenklein, also die weniger wertvollen Stücke vom Geflügel wie Hals, Füße, Flügel, Magen, Herz; es gibt auch Hasen- und Rehjunges.

Gefrorenes: Eis, Speiseeis; davon abgeleitet das auch im Deutschen übliche Halbgefrorene.

Germ: Hefe, geht wohl auf die mittelhochdeutsche Bezeichnung für gären (gerwe) zurück.

Geselchtes: Geräuchertes, durch Räuchern haltbar gemachtes Fleisch; hat seinen Ursprung im althochdeutschen Wort arselchen für dörren.

G(e)spritzter: Beliebter Durstlöscher; durch Zugabe von Sodawasser (heute auch Mineralwasser) verlängerter Wein.

Grammeln: Grieben; goldgelbe, leicht knusprige Speckstückchen, die beim Auslassen von Schmalz aus frischem Speck oder Flomen übrig bleiben. Grammelpogatscherl sind mit Grammeln hergestelltes pikantes Kleingebäck.

Gugelhupf: Lieblingskuchen der Wiener aus Hefeteig, das in der klassischen Napfkuchenform gebacken wird.

Gurkenkräutel: Der meist zum Gurkensalat verwendete Dill.

Heidenmehl: Im Osten Österreichs Bezeichnung für Buchweizenmehl; das Heidenkorn, der Buchweizen, war nach der Volksmeinung aus heidnischen Ländern nach Mitteleuropa gelangt.

Henderl: Kleine Henne, Junghuhn, aus dem die berühmten Wiener Backhendl zubereitet werden.

Jause: Aus dem mittelhochdeutschen jûs abgeleitete Bezeichnung für die Zwischenmahlzeit am Morgen oder Nachmittag (Kaffeejause, Vesper).

Kaminwurzen: In Tirol beliebte, kleine, feste Dauerwürste, die stark geräuchert und daher lange haltbar sind; beliebter Proviant bei Wanderungen.

Karfiol: Blumenkohl; wurde zu k.u.k. Zeiten aus dem italienischen cavolfiore (Kohlblume) übernommen.

Kästen, Kösten: Mundartliche Bezeichnung für die auch Maronen genannten Eßkastanien.

Kipferl: Beliebtes Frühstücksgebäck in Hörnchenform; geht angeblich bis in die Zeit der Türkenbelagerungen, also des türkischen Halbmondes, zurück.

Kipfler: Längliche, festkochende, speckige Kartoffeln, die zum Salat verwendet werden.

Kletzen: Getrocknete Birnenschnitze, die, ebenso wie getrocknete Feigen, Rosinen und Nüsse, Zutaten zum weihnachtlichen Kletzenbrot sind.

Knödelbrot: Zur Verwendung bei der Knödelzubereitung geschnittene, abgepackte Semmelwürfel oder -scheiben.

Knofel: Knoblauch, eine wichtige Würzzutat der Wiener und der burgenländischen Küche.

Koch: Gekochter Brei aus Getreide (Grießkoch, Türkenkoch) oder Früchten (Marillenkoch, Äpfelkoch).

Kohlsprossen: Rosenkohl, also die runden Sprosse der in Österreich Sprossenkohl genannten Gemüsepflanze.

Kolatschen, Golatschen: Aus dem Tschechischen stammende Bezeichnung für ein kleines Hefegebäckstück, bei dem alle vier Ecken aufgeschlagen werden, die Füllung (z.B. Topfen) aber nicht ganz bedecken.

Krapfen: Seit dem Mittelalter bekanntes, in heißem Schmalz gebackenes Hefegebäck, dessen Name auf das mittelhochdeutsche Wort krapho für Haken oder Klaue zurückgeht.

Kren: Meerrettich; das Wort ist slawischen Ursprungs.

Krenfleisch: Mit Wurzelgemüse gekochtes Schweinefleisch, das mit Meerrettich gegessen wird.

Kudelkraut, Kuttelkraut: Thymian; die Bezeichnung geht auf die Verwendung des würzigen Krauts in Gerichten mit Kutteln (Kaldaunen) zurück.

Kukuruz: Mais; dieses serbische Wort für die Getreidepflanze hat sich in ganz Österreich-Ungarn eingebürgert.

Kürbis: Außer dem in Mitteleuropa besonders häufigen Speise- oder Riesenkürbis (*Cucurbita maxima*) sind in Österreich vor allem die Gartenkürbisse (*Cucurbita pepo*) beliebt. Zu ihnen gehören ja außer den Zucchini auch die »Fliegende Untertassen« oder Squash genannten Patisson-Kürbisse und die hellgelben, länglichen Spargelkürbisse; letztere spielen in der Küche Wiens und des Burgenlandes eine wichtige Rolle. Aus ihnen bereitet man beliebte Gemüsegerichte, aber auch Suppen.
Kürbiskerne werden geschält oder ungeschält angeboten und haben einen angenehm nussigen Geschmack.
Dasselbe gilt für das grüne Öl, das in der Steiermark aus den Kernen spezieller Ölkürbisse gepreßt wird und nicht nur ein vorzügliches Salatöl ist, sondern auch einen hohen Gehalt an Vitamin E hat; zudem hilft es, den Cholesterinspiegel zu senken.

Laberln: Mundartlich für runde, kleine Brotlaibe (Laibchen); faschierte Laberln sind Fleischpflanzerl oder Frikadellen.

Lebzelten: Lebkuchen, der vom Lebzeltbäcker oder Zeltner hergestellt wird.

Lungenbraten: Lendenbraten, Filet; eigentlich Lummelbraten (von lateinisch lumbus für Lende).

Marend, Marende: In Tirol und Vorarlberg gebräuchlicher Ausdruck für Jause, Zwischenmahlzeit; geht auf das rätoromanische marenda und das spätlateinische merenda zurück.

Marillen: Aprikosen; vom italienischen armellino abgeleitete Bezeichnung.

Melanzani: Die in Wien eingebürgerte italienische Bezeichnung für Aubergine.

Nockerln: Kleine, längliche Teigstücke, die mit einem Löffel abgestochen und in Wasser oder Suppe gegart werden.

Obers: Sahne, Rahm; also das Obere von der Milch.

Palatschinken: Dünne, gefüllte und zusammengerollte Pfannkuchen; das Wort geht über das rumänische placinta und das ungarische palacsinta auf das lateinische placenta (flacher Kuchen) zurück.

Paradeiser: Tomaten; eine mit den italienischen Paradiesäpfeln in Zusammenhang stehende, vor allem im Osten Österreichs übliche Bezeichnung.

Pavesen, Povesen: Mit Hirn oder Marmelade belegte, zusammengeklappte und in Teig gebackene Weißbrotscheiben, deren Name auf die Stadt Pavia hinweist.

Paprikasch: Wie das Gulasch aus der ungarischen Küche übernommenes Gericht, für das Fleisch in mundgerechte Stücke geschnitten, mit Zwiebeln und reichlich Paprikapulver gedünstet und schließlich mit Sauerrahm verfeinert wird. Im Ungarischen heißt es paprikás. Man bereitet Paprikasch aus allen Fleischarten, aber auch aus Fisch.

Pogatscherl: Kleine, runde, pikante Kuchen oder Plätzchen, die ungarisch pogácsa heißen und auch aus Ungarn stammen.

Powidl: Zwetschgenmus; mit der böhmischen Küche aus dem Tschechischen übernommene Bezeichnung.

Preßwurst: Preßkopf, Schwartenmagen, der mit Fleisch vom Schweinskopf, Schwarten und Speck gefüllt ist.

Quargel: Kleine, stark riechende Sauermilchkäse in runder Form.

Ribisel: Johannisbeere; das Wort ist vom botanischen Namen ribes für Johannisbeere abgeleitet.

Risibisi, Risipisi: Aus Italien stammendes Reisgericht mit Erbsen (riso con piselli).

Ritschert: In Kärnten und der Steiermark beliebtes Gericht aus Rollgerste, Bohnen und Rauchfleisch; das ursprünglich jüdische Ritschert wurde statt mit Geräuchertem vom Schwein mit Gänsefleisch zubereitet.

Rostbraten: Fleisch vom hohen Roastbeef (Rostbratenbeiried); besonders beliebt ist der Zwiebelrostbraten.

Röster: Musartiges Kompott aus Zwetschgen oder auch Holunderbeeren.

Schlegel, Schlögel: Keule oder Haxe vom Schwein, Kalb, Lamm oder Wild.

Schlutzkrapfen: In Tirol beliebte Mehlspeise aus Nudelteig, die mit Fleisch oder Gemüse gefüllt und in Wasser gegart wird.

Schöberl: Aus einem Butter-Eier-Teig gebackene Suppeneinlage.

Schöpsernes: Gericht aus dem Fleisch des Hammels (Schöps) oder Schafs.

Schwammerln: Pilze; geht auf die Schwämme an der Unterseite der Röhrenpilze zurück, bezeichnet aber auch Lamellenpilze.

Selchkarree: Rippenstück vom Schwein, das leicht geräuchert ist; Kasseler Rippenspeer.

Stanitzel: Backwerk in Form der

gleichnamigen spitzen Tüten, das aus dünnem Teig im Eisen knusprig gebacken und gedreht wird; meist mit Schlagobers gefüllt; das Wort ist möglicherweise eine Verballhornung von Scharmützel.

Stelze: Haxe; Unterschenkel von Kalb und Schwein.

Sturm: Traubenmost, der zu gären beginnt.

Surfleisch: Pökelfleisch; Fleisch, das durch Einlegen in eine Sur genannte Salzbeize behandelt ist.

Tafelspitz: Aus dem Schwanzstück des Rinds geschnittenes Stück Fleisch, das man mit Wurzelgemüsen und Gewürzen gar ziehen läßt.

Topfen: Quark; geht auf das mittelhochdeutsche Wort topfe für gesäuerte Milchklumpen zurück.

Topfenhaluska: Mehlspeise der böhmischen Küche, die aus Fleckerln, Quark, Speckwürfeln und Sauerrahm bereitet wird.

Türkenmehl: Maismehl; seine Einführung in Mitteleuropa wurde den Türken zugeschrieben.

Verhackerts: Feingehackter, gesalzener und geräucherter Speck, der mit heißem Schmalz übergossen konserviert und vor allem in der Steiermark als Brotaufstrich gegessen wird.

Vintschgerl: Aus dem Vintschgau (Tirol) stammende kleine, mit Koriander gewürzte Brotfladen aus Roggenmehl.

Vogerlsalat: Liebevolle Bezeichnung für Feldsalat, Rapunzel.

Weichseln: Weichselkirschen, aber auch allgemein für Sauerkirschen.

Wurzelwerk: Für Suppen verwendete Wurzelgemüse wie Karotten, Petersilienwurzeln und Knollensellerie.

Zelten: Flache, längliche Lebkuchen; in der Alpenregion auch das traditionelle Früchtebrot, das zu Weihnachten gebacken wird.

Rezeptregister

Bildnachweis

Die Fotos stammen von:
Gottfried Aigner, München (S. 109, 166);
Foto Brunner, Krems (S. 182);
Roberto Ferrantini, Rom (S. 66);
Herbert Hartmann, München (S. 29);
Ulrich Kerth, München (S. 51, 190, 194);
Österreich Werbung: Bartl (S. 11, 32, 197) - Kneidinger (S. 44) – Markowitsch (S. 123) – Reiberger (S. 98, 159) – Trumler (S. 206) – Wiesenhofer (S. 54, 134, 144, 148, 154);
Okapia – Frankfurt/Leo Pokorny (S. 39);
Jan Roeder, Gauting (S. 116, 120, 186);
StockFood: S. & P. Eising (S. 16, 19, 21, 25, 208) – StockFood Munich (S. 87) – Paolo Tiengo (S. 90) – Martina Meuth (S. 102).